「宿命」を生きる若者たち

格差と幸福をつなぐもの

土井 隆義

岩波ブックレット No. 1001

「宿命って何かしら？」

「生まれてきたこと、生きているということかもしれない」

～映画『砂の器』（松本清張原作・野村芳太郎監督）より～

はじめに

皆さんは、「宿命」という言葉から何をイメージされるでしょうか。どんな人生を思い描かれるでしょうか。おそらく現在四〇代から上の人たちにとって、それは自分の人生を縛り、不自由なものにする桎梏《しっこく》と捉えられている場合が多いのではないでしょうか。しかし、現在三〇代から下の人たちにとって、それはむしろ自分の人生の基盤となり、そこに安定感を与えてくれるものと捉えられるようになっている場合が多いように見受けられます。

では、「努力」という言葉についてはどうでしょうか。おそらく現在四〇代から上の人たちにとって、それは自分の能力や資質の不足分を補うための営みと捉えられていることが多いでしょう。しかし、現在三〇代から下の人たちにとって、それはむしろ自分の能力や資質の一部を成すものと捉えられるようになっている場合が多いように見受けられます。努力できるか否かもまた、自分の素質の一部とみなされるようになっているのです。

内閣府が二〇一八年に実施した「国民生活に関する世論調査」では、現在の生活に満足していると答えた人とまあ満足していると答えた人が併せて七四・七％を占めて、過去最高の数値となりました。一八歳から二九歳までに限定すると、その数値はさらに八三・二％まで上昇します。現在の日本では、人びとの格差化が進んでいるといわれるのに、生活に満足していると答える人が増えているのはなぜでしょうか。とりわけ若者たちは厳しい社会状況に置かれているはずなのに、生活に満足と答える人がさらに増えるのはなぜでしょうか。

この謎を解く鍵は、右に示した二つの言葉をめぐる世代の相違から透けて見えてくるように思われます。そして、その背景にあるのは、現在の日本社会がすでに成長期の段階を終え、いまや成熟期へ移行しているという事実です。また、その時代の変化を反映して、自分が後天的に獲得した地位や能力ではなく、自分に先天的に備わっている属性や能力こそが、自分の人生を規定する最大の要因であり、また自分の人生に安定感と安心感をもたらしてくれると考える人びとが、現在の日本に増えているという事実でもあるように思われます。

現在の日本に広がるこのような現象には、ポジティブな側面とネガティブな側面の両方が見受けられます。本書では、この時代精神の変化とその背景にあるものを読み解いていくことで、そのポジティブな側面をできるだけ拡張し、逆にネガティブな側面を縮減していくにはどうすればよいのか、その対策を考えるための素材をわずかでも提供できればと考えています。それが、最初は「紙つぶて」から始まったこのブックレット・シリーズの使命だとも思うからです。どうぞ最後までお付きあいくださるようよろしくお願いいたします。

第1章　相対的貧困率と生活満足度

拡大する社会的格差

昨今の日本では、かつての一億総中流神話が崩れ、人びとの格差が拡大しています。それは、世界のグローバル化が進行するなかで、日本国内でも既成の制度的な枠組みが揺らぎ、流動性が高まってきた結果といわれています。しかも、その格差化の様相を見ると、流動性の高まりによって階層間の移動が容易になっているわけではなく、むしろその流れに反して固定化しはじめているともいわれています。また、グローバル化とともに広がったインターネット環境も、社会の流動化と格差の固定化を後押ししているといわれます。

まず**図1-1**をご覧ください。格差の開きをはかる指標はいろいろありますが、もっとも一般的に用いられるのは、可処分所得が中央値の半分に満たない人の割合を示す相対的貧困率です。一九八五年の貧困率が一二・〇％だったのに対して、二〇一二年のそれは一六・一％まで上昇しています。二〇一五年にはやや下がりましたが、それでもまだ一五・七％です。学齢期の子どもが置かれた状況はさらに深刻で、同居する大人の所得で計算する一八歳未満の子どもの貧困率は、一九八五年に一〇・九％だったものが、二〇一二年には一六・三％まで跳ね上がり、かなり改善された二〇一五年でも一三・九％となっています。六人に一人の子どもが貧困といわれた状態から

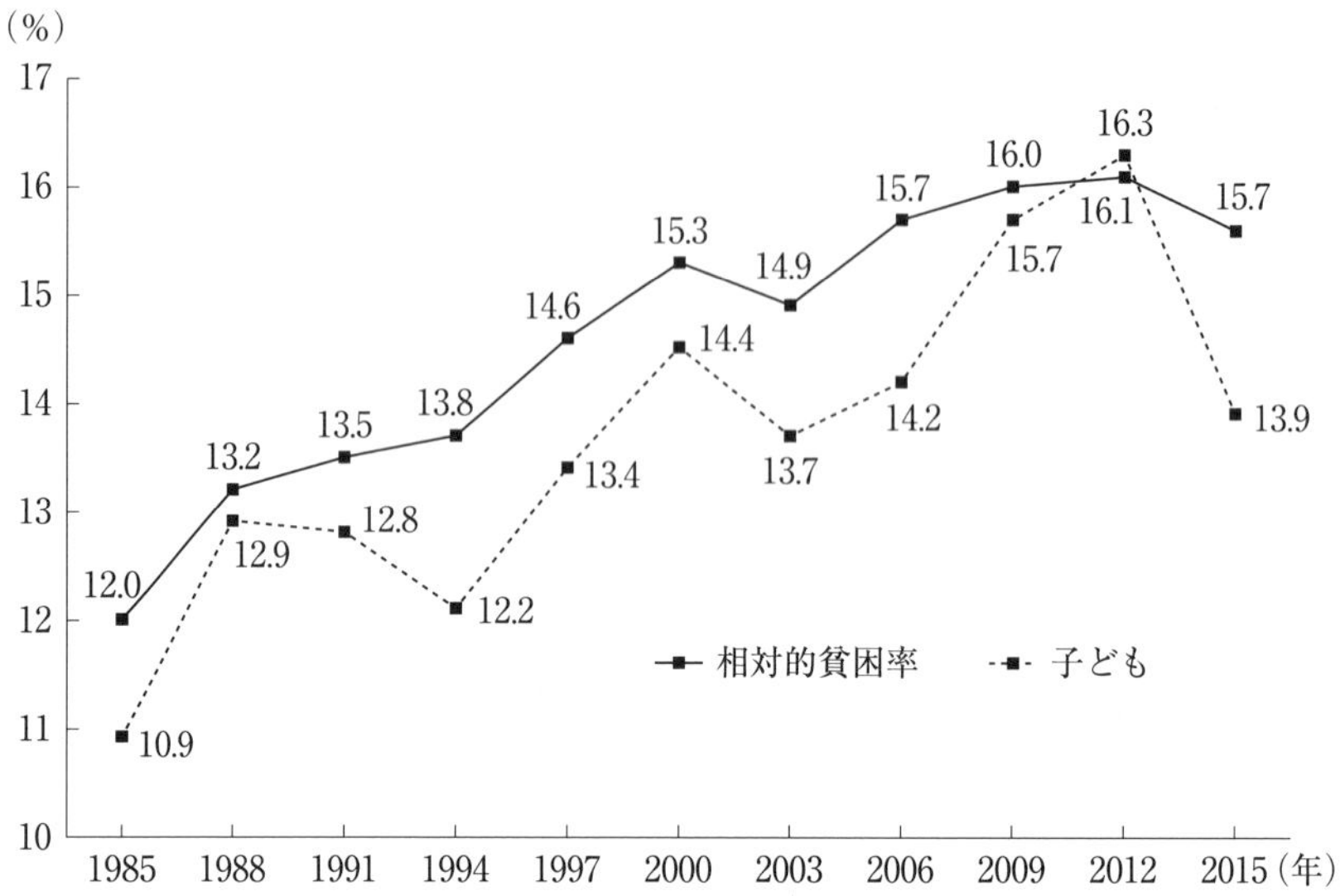

図 1-1　相対的貧困率の推移（厚生労働省「国民生活基礎調査」より作成）

は抜け出したものの、それでもまだ七人に一人の子どもが貧困状態に置かれているのです。ＯＥＣＤ加盟国の子どもの貧困率の平均は一三・三％ですから、日本はまだそれを上回る劣悪さとなっています。

一方で、近年は第二次大戦後最長の好景気が続いているともいわれてきました。しかし、賃金がなかなか上がらないため、一般の人びとにとっては景気回復の実感が乏しいという声もよく聞かれます。所得の少ない人から多い人を並べたとき、ちょうど真ん中に位置する人の所得（中央値）は、一九八五年には二一六万円でした。その後、一九九七年の二九七万円まで上昇しつづけた後、今度は反転してほぼ減少しつづけ、二〇一五年には二四四万円になっています。一九八五年よりは増加しているものの、一九九〇年代後半からは減少しているのです。現在の好景気は戦後最長ではあっても戦後最大ではありません。近年の経済成長率はずっと一％前後を揺れ動いており、一〇％を超えることもあった高度成長期とはそもそも桁が違っているのです。

また、好景気が続いているのに格差が拡大してきた背景には、近年のいわゆる新自由主義的な政策の影響もあるでしょう。各種の規制緩和が進むなかで景気が良くなると、低所得者の収入増よりも高額所得者の収入増のほうが、一般的にその幅は大きくなりがちです。そのため、低所得者層の所得水準が上昇していても、所得格差は大きくなってしまいます。たとえ失業が減ったとしても、所得格差は広がっていくことになるのです。

社会的排除の進行

近年は、格差が拡大するなかで、世帯収入と子どもの学力との密接な関係も指摘されるようになっています。教育社会学者の耳塚寛明らが、保護者の所得や学歴といった家庭環境と、小学校六年と中学校三年が受ける全国一斉学力テストの得点の関係を調べたところ、前者が上がるにつれて後者も上がる傾向が見られました(二〇一四)。昨今では、小学校高学年の頃から学習塾へ通いはじめる子どもも多く、それが学習時間に影響を与えます。その通塾費用は大きな家計負担となるため、結果的に家計の状態によって学習時間に格差が生じてしまうのです。

このように、子どもの家庭環境が学習時間に影響を与え、それが学業成績を左右することは、これまでも指摘されてきた現象です。事実、この調査では、学校外での学習時間と学力テストの得点との関係も調べていますが、予想に反せず両者には明白な関連が見出されます。しかし、じ

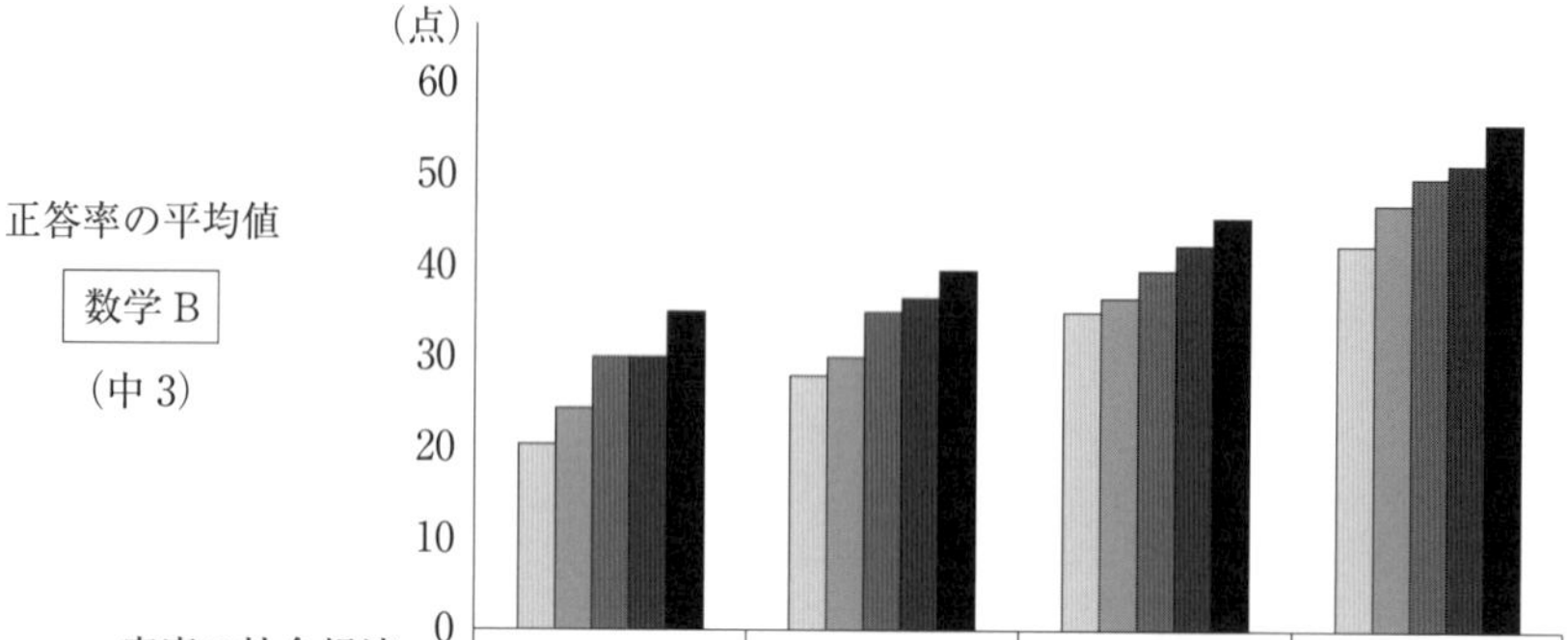

平日学習時間 \ 家庭の社会経済的背景	下	中の下	中の上	上
■ 2 時間以上，3 時間	35.8	41.0	46.9	56.7
■ 1 時間以上，2 時間	31.4	38.6	43.5	53.2
■ 30 分以上，1 時間	31.4	36.6	40.7	50.8
■ 30 分より少ない	25.6	30.6	36.8	48.0
□ 全くしない	21.1	28.5	36.1	44.2

図 1-2　家庭の社会経済的背景と子どもの学力の関係
（「平成 25 年度全国学力・学習状況調査（きめ細かい調査）の結果を活用した学力に影響を与える要因分析に関する調査研究」お茶の水女子大学，2014 年，研究代表者 耳塚寛明）

つはこの調査研究のもっと衝撃的な知見は、学習時間には反映されないような家庭環境の影響力がいかに大きいかを明らかにしたことにあります。**図1-2**を見ると分かるように、保護者の所得と学歴によって家庭環境を四段階に区分したとき、もっとも恵まれない家庭区分に入る子どもは、毎日二時間から三時間の学習をしても、もっとも恵まれた家庭区分で、学習時間がゼロの子どものテストの平均点に達することができていません。

　これは平均値での話なので、もちろん個人差はあります。しかし一般論としていえば、家庭環境が学力に及ぼす影響は、子ども自身の学習努力より大きいといえます。学力を左

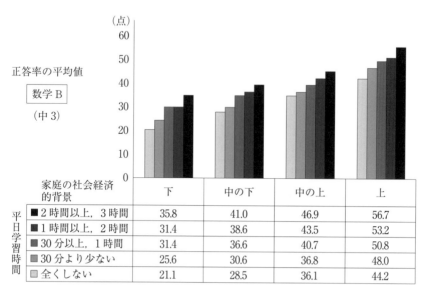

右するのは、けっして教科学習だけではないからです。幼少期からの様々な体験によって培われる様々な能力が、直接的あるいは間接的に学力に影響を与えています。この調査研究が明らかにしているのは、家庭環境に大きな影を落とす格差を個人的な努力で克服するには、子どもたちの前に乗り越えがたい大きな壁がそびえ立っているという冷酷な事実です。

このような事実は、いわゆる社会的排除の進行を示しており、今日の日本社会にとって大きな問題といえます。ここでいう社会的排除には、社会保障論の専門家である阿部彩が述べるように、社会関係の欠如、労働市場からの排除、教育機会の欠如、生活必需品の欠如など、多元的な要素が含まれています（二〇〇七）。いま指摘した学力格差がそうであるように、これらの諸要素は密接に関連しあい、そこに負の相乗効果が生まれているのです。

高まる生活満足度

いま見てきたように、昨今の子どもや若者をめぐる貧困問題や学習格差は深刻さを増し、彼らの前に大きな壁として立ちはだかっています。そしてこれまでは、それらが彼らの学校での不適応を促し、犯罪や非行に走る大きなきっかけになると指摘されてきました。しかし現実には、**図1-3**が示すように、この一〇年余り、日本の少年刑法犯は激減しています。少子化が進んでいるのだから当然という見方もあるでしょうが、少年の人口比で算出してもその傾向は変わりません。刑法犯で検挙された少年は、実数においてだけでなく比率においても、十数年前から減少しつづけているのです。

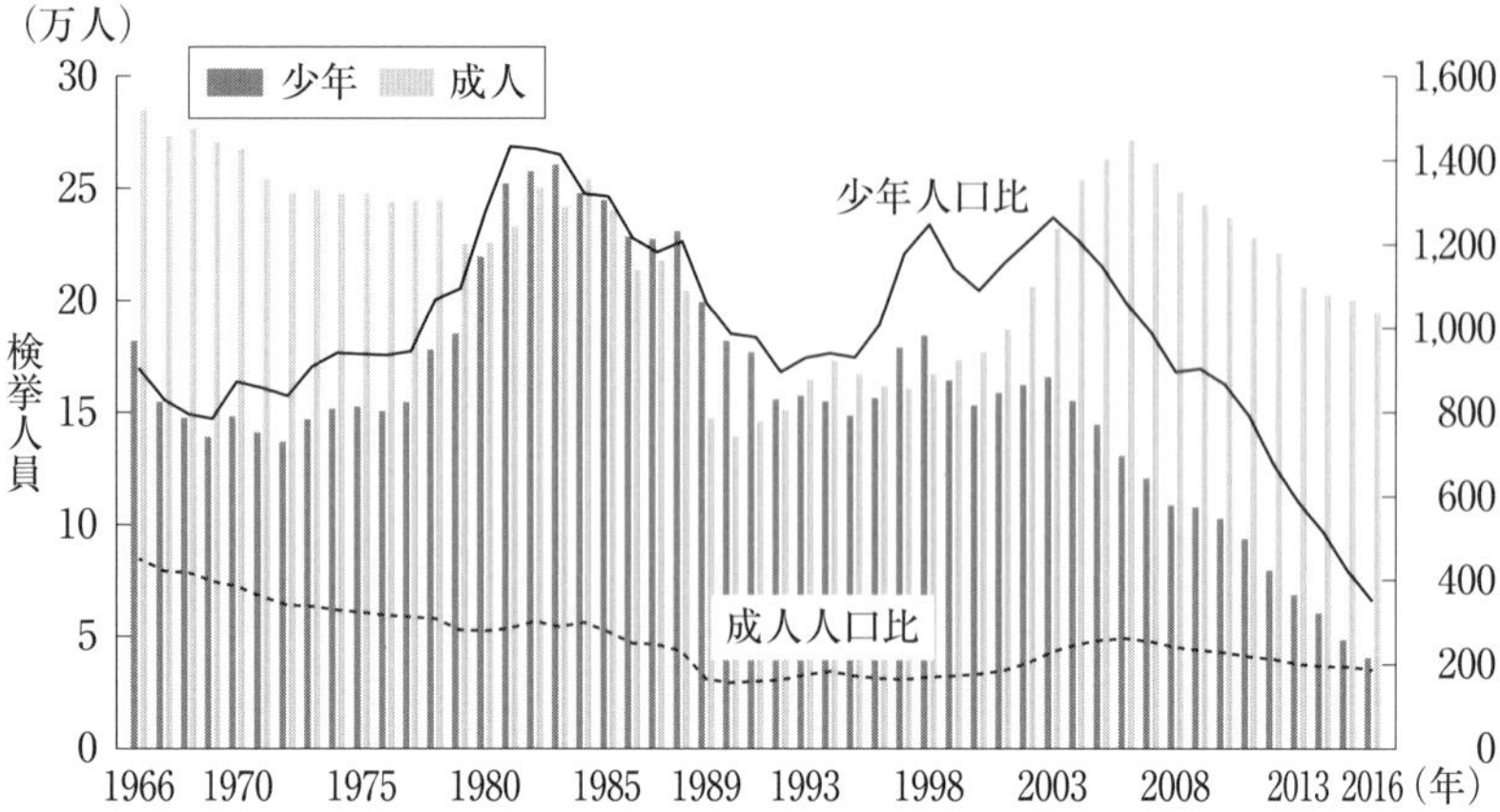

図1-3　刑法犯の推移(法務省『平成29年度版　犯罪白書』)

少年だけではありません。格差の拡大とは裏腹に減少傾向を示しているのは、成人刑法犯についても同様です。ただしその減少幅は年齢層によって大きな相違があります。少年刑法犯の場合、人口比で算出した検挙人員はこの一〇年間で約三分の一になっているのに対して、二〇代の刑法犯では四分の三程度です。年齢層が上がるにつれてその幅はさらに小さくなり、六五歳以上ではほとんど変化がありません。ちなみに少年刑法犯がもっとも多かった一九八〇年代と比較すると、現在のそれは人口比で約四分の一にまで激減しています。

　貧困問題や学習格差は深刻さを増しているのですから、この傾向は意外な気もします。しかし、じつはそれもそのはずで、この四〇年間、日本に暮らす人びとの生活満足度は上昇しており、その傾向は若年層ほど著しくなっているのです。**図1-4**をご覧ください。NHK放送文化研究所が実施している「「日本人の意識」調査」において、一九七三年の時点で生活全般に満足していた人の割合と、二〇一三年の時点でのそれとを比較すると、六〇歳以上ではその上昇率がわずかであるのに対して、それ以下では若年層ほど割合が大きくなっていることが分かります。とくに一〇代後半から二〇代の増加率が激しく、いまや九〇%以上の人が生活全般に満足と回答しています。また**図1-5**が示すように、同研究所が実施している「中学生・高校生の生活と意識調査」でも、自分を幸福と感じる中高生はこの二〇年間ずっと増えつづけています。日々の生活に不満を覚えることが少なくなれば、それだけ犯罪や非行に走る人が減っていくのも当然でしょう。

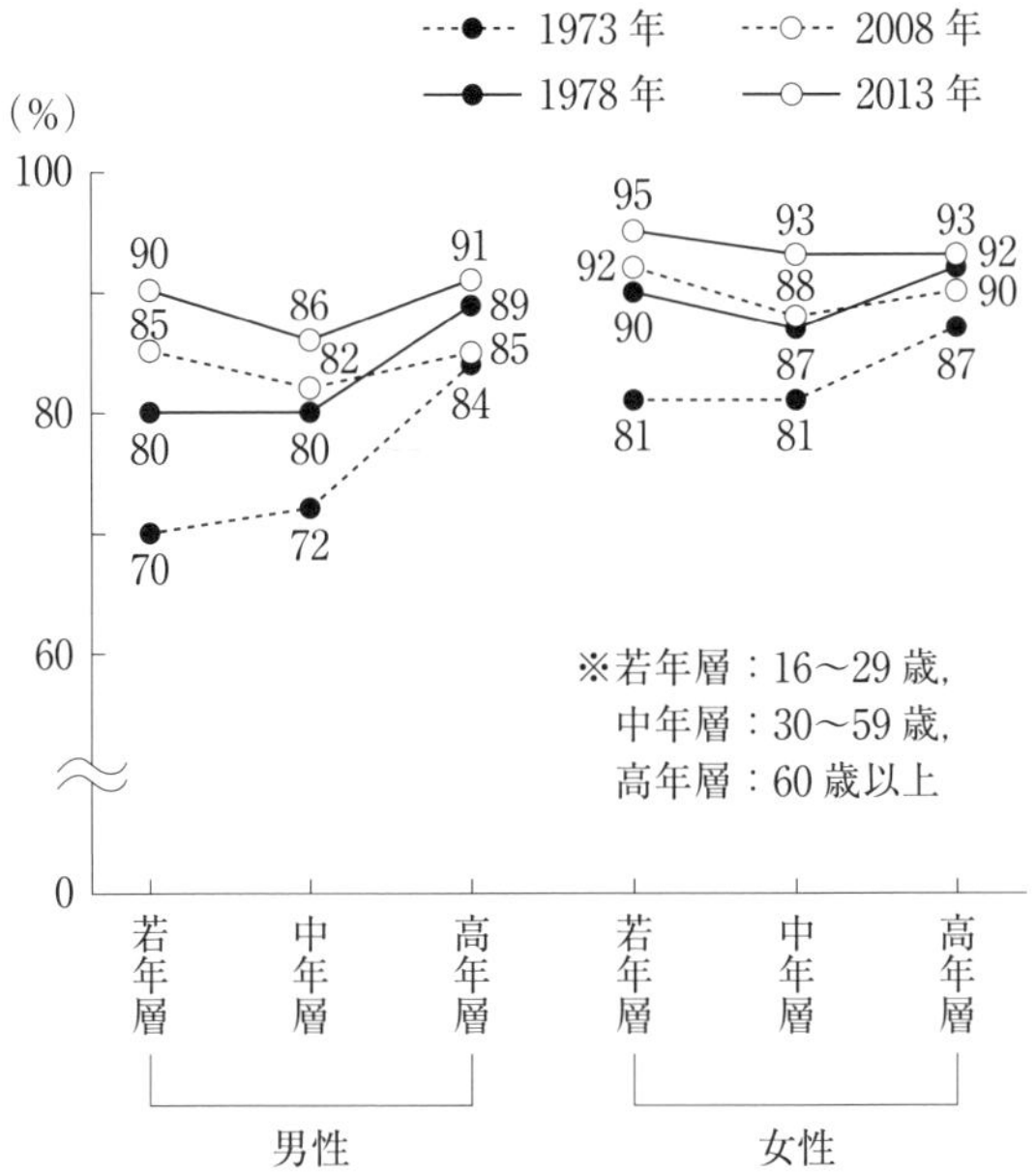

図1-4　男女年層別生活全体についての満足感
(NHK放送文化研究所『現代日本人の意識構造［第8版］』NHK出版，2015年)

一方では経済格差や学習格差が拡大し、社会的排除も進みつつあるというのに、他方では生活満足度や幸福感が上昇し、その結果として彼らの犯罪も激減しています。それはいったいなぜでしょうか。かつての貧しい時代の日本と比較すれば、現在はそれなりに豊かな社会だからと思われる方もいらっしゃるかもしれません。とくに年配者の方はそう思われるかもしれ

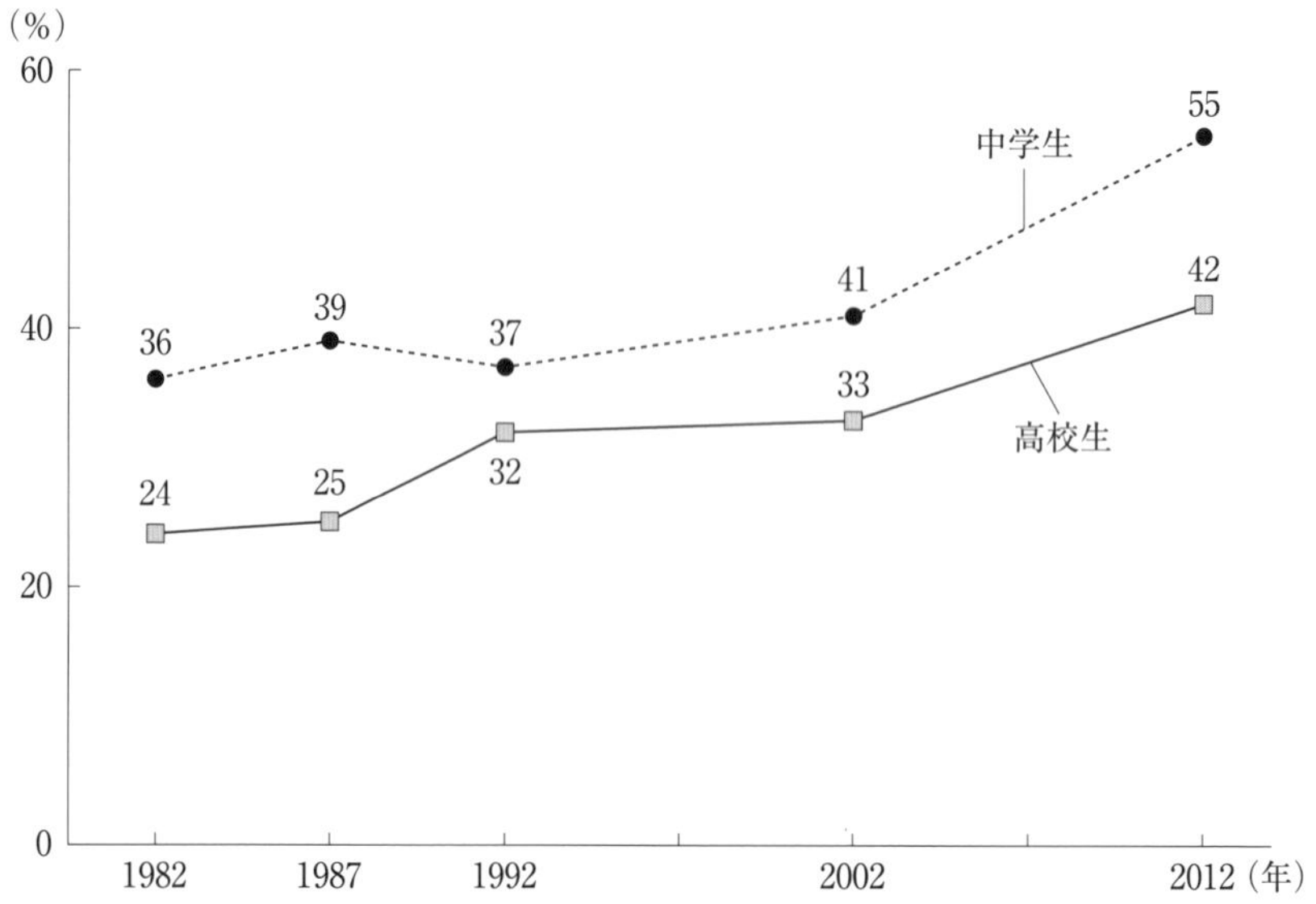

図 1-5　中学生・高校生の幸福感(とても幸せだ)の推移
(NHK 放送文化研究所『放送研究と調査』2013 年 3 月号)

ません。しかし、もしそうだとしたら、往年の様子をよく知っている高齢者のほうが、「あの頃と比較すれば……」と考えて現在の生活満足度は高くなるはずですが、現実には逆の傾向を示しているのです。

後ほど述べるように、私たちの不満感をより強めるのは、食べてはいけない絶対的貧困ではなく、人並みの生活ができない相対的貧困です。一般的には、格差こそが不満を強める元凶であって、社会全体が貧しければ不満はそれほど募りません。私たちは、周囲と比較するなかで自分の状態を判断するものだからです。では、いまの若年層ではどのような事態が進んでいるのでしょうか。本書では、格差の拡大と幸福の増大という相矛盾するように見える現象がなぜ生じているのか、その社会背景と心理メカニズムについて考察することで、それが今日どのような意味を含んでいるかを見極めていきたいと思います。

なお、生活満足度と幸福感は、人びとのそれぞれ異なった心理状態をはかるための指標であり、両者の値が一致することはありません。社会学者の小林盾らの調査研究によると、両者の間には一〇％強の開きがあり、双方で異なった反応を示す人たちも一定数います（二〇一五）。したがって厳密にいえば、両者を混同して扱うことには問題もあります。しかし同時に、両者にはかなり強い相関のあることも確認されています。小林らの調査でも、満足度と幸福感はおおむね似た分布となり、両者の一致する人が全体の半数以上を占めました。そこで、これらの諸意識と経済状況との乖離の解明に主眼を置き、その分析のためにできるだけ多くの調査データを参考にすることを優先して、ここでは両者を区別しないで扱っていくことにしたいと思います。

経済動向と生活満足度

内閣府が二〇一八年に実施した「国民生活に関する世論調査」では、現在の生活に満足していると答えた人とまあ満足していると答えた人が併せて七四・七％を占めて、**図1-6**からも分かるように過去最高でした。一八歳から二九歳までに限定すると、さらに八三・二％まで上昇し、先ほど触れたＮＨＫ放送文化研究所による調査結果の数値へと近づきます。日本社会では人びとの格差化が進んでいるといわれるのに、生活に満足していると答える人が増えているのはなぜでしょうか。とりわけ若者たちは非常に厳しい社会状況に置かれているはずなのに、生活に満足と答

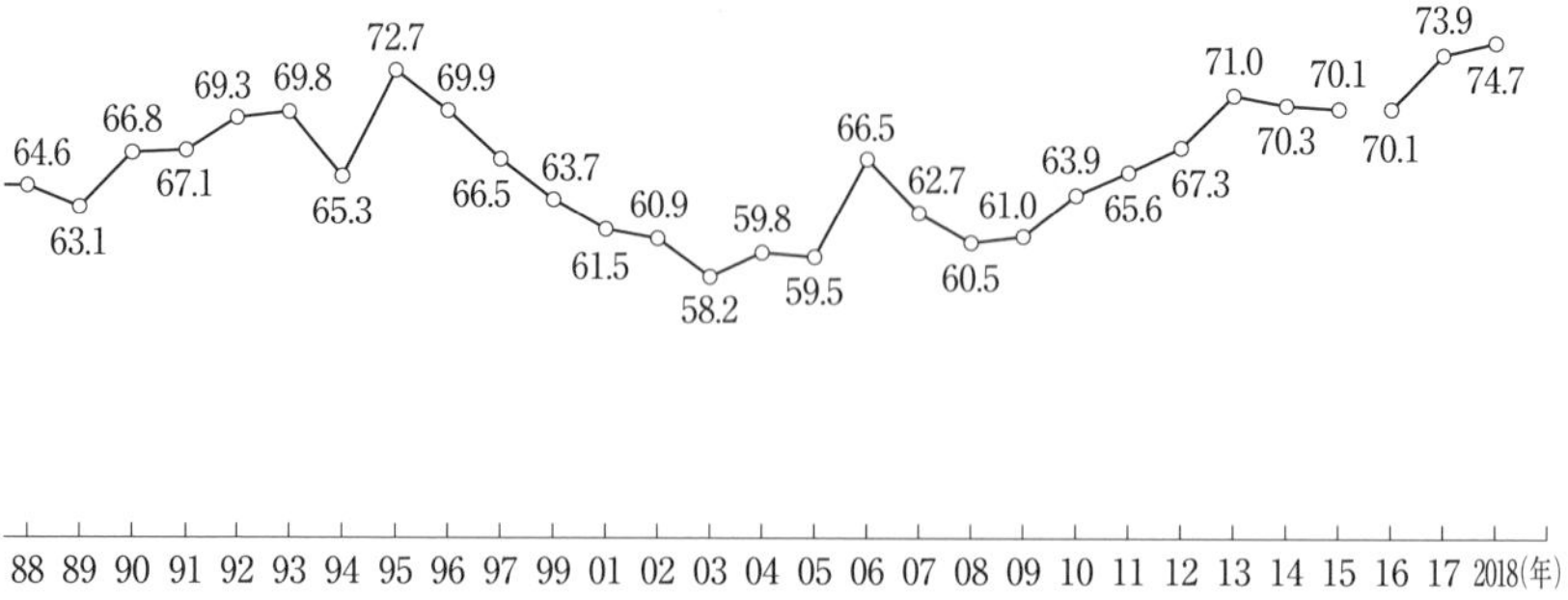

る」

から 18 歳以上の者を対象として実施.

える人がさらに増えているのはなぜでしょうか。

調査を行なった内閣府は、この傾向について「景気や雇用状況が穏やかに回復していることなどが背景にある」と分析しています。たしかに全世帯平均の所得金額は、二〇一三年を境にわずかに増加しています。しかし、一九九八年から二〇一三年まではそれより大きな幅で減少しつづけていたにもかかわらず、生活満足度はすでに二〇〇三年を境に上昇へと転じているのです。

また、もっと時間の幅を引き延ばして眺めてみると、第二次大戦後から一九八〇年代までは、日本のGDPが増加するにつれて生活満足度も徐々に上昇していたことが分かります。しかし、一九九〇年代にGDPの変化が横ばいへ転じると、生活満足度もいったん大きく下降します。その後、二〇〇〇年代に入ってもGDPの変化はずっと横ばいのままですが、生活満足度のほ

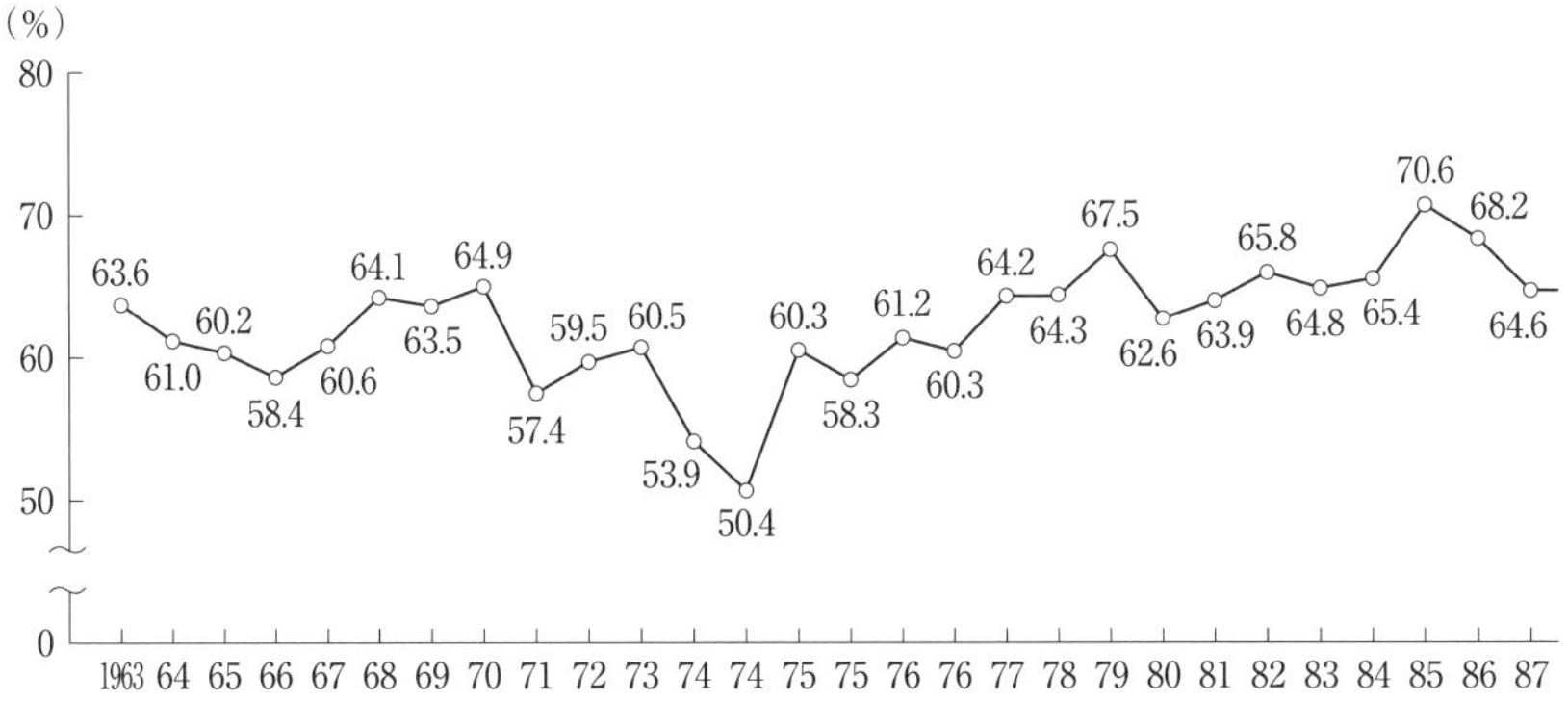

図 1-6　現在の生活に対する満足度

(内閣府「国民生活に関する世論調査」2018 年 6 月調査)

(注 1) 平成 3 年以前の調査　満足→「十分満足している」＋「一応満足してい

平成 4 年以降の調査　満足→「満足している」＋「まあ満足している」

(注 2) 平成 27 年調査までは，20 歳以上の者を対象として実施．平成 28 年調査

うは再び上昇しはじめます。経済的な豊かさと生活満足度が相関しなくなっているのが、一九八〇年代から今日に至るまでの特徴なのです。

　博報堂研究開発局は、このような動きを捉えて、所得＝モノを消費する力の差によって豊かさに差がつく「格差社会」はすでに終焉したと指摘しています。そして、モノを手に入れなくてもじゅうぶん楽しんでいる人がいる、あるいは、同じモノを手に入れても楽しめる人と楽しめない人がいる、さらに言えば、モノではなく、個人の「楽しめる力」や「楽しもうという動機の強さ」によって「生活の豊かさ」に差がつく社会が訪れていると述べて、それを「楽差社会」と命名しています。

　しかし、じつはこの現象は日本だけのものではなく、先進諸国では共通に見られるもので、研究者の間では「幸福のパラドクス」と呼ばれています。その嚆矢となったのは、アメリカ合

衆国の経済学者、リチャード・イースタリンの論文で、ある一か国内における一時点のデータでは所得と幸福度に相関が見られるけれども、各国を比較した場合や、一か国内でも長期的な傾向を比較した場合には、所得と幸福度に相関の見られないことが明らかにされています(一九七四)。その理由についても多くの研究者によって様々な解明が試みられてきましたが、経済学者の新見陽子に従ってその主要なものを整理すれば、人びとは所属集団のなかで自分を評価する傾向にあることや、過去の経験や周囲の状況と比較して自分を評価する傾向にあることなどが挙げられるでしょう(二〇一五)。

ところで、このように経済動向と幸福感が相関しない理由について、日本の一般の人びとによく知られている説明は、おそらくかつて一世を風靡した社会学者の古市憲寿のものでしょう(二〇一五)。彼の著書には、他の研究者たちの知見も分かりやすく嚙み砕かれて取り入れられているので、ここでは彼の見解を整理しておくことで、さらに議論を先へと進めるためのステップにしたいと思います。

若年層の生活満足度が上昇している理由について、古市が挙げている主だったものを整理すると、大別して二つの要因に分類できるように思われます。その第一の要因は、人間関係の心地よさによって生活が満たされるようになってきたからというものであり、その第二の要因は、あまり高い希望を抱かなくなったがゆえに満足感が高まってきたからというものです。

まず第一の要因については、インターネットの普及によって友人たちとつながりつづけることが容易になり、ネットを通して様々なコミュニティに関わることで、自己承認欲求も満たされやすくなったことが挙げられています。また、昨今の未婚率の上昇とも相まって、成人しても親と同居しつづける若者が増え、衣食住を親に依存することが可能になったために、たとえ収入が少なくてもさほど貧しさを感じなくなったという説明もなされています。これらは、人間関係に対する満足度の高さが今日の幸福感を支えているという見解として要約できるでしょう。またこの見解は、人びとは所属集団のなかで自分を評価する傾向にあるという右の主要な学説とも相性がよいといえます。

他方、第二の要因については、個々のコミュニティのなかの人間関係でほぼ満足しているため、その外部の人たちと自分を比較することが少なくなり、あまり高い欲求をもたなくなったために不満も減ってきたことが挙げられています。さらに、不確かな未来のことなどあまり気にかけず、現在の生活を楽しむことに集中するようになったため、自己実現欲求や上昇志向といった近代の進歩主義的な規範からも解放されて、いまの自分を積極的に肯定できるようになったという説明もなされています。これらは、期待水準の低さが結果として満足度を押し上げているという見解として要約できるでしょう。またこの見解には、人びとは自分の過去の経験や周囲の状況と比較して自らを評価する傾向にあるという先の主要な学説との類似性も見出せます。

人間関係の満足感

古市が挙げている第一要因と第二要因は、基本的にはそれぞれ異なった原理にもとづいたものです。しかし、現実に進んでいる現象には両方の要因が同時に含まれていたり、あるいは前者が後者の前提となっていたりする場合も多くあります。身近な人間関係の心地よさによって日々の生活が満たされていれば、外部の世界とつながろうという意識はおそらく育ちにくくなるでしょうし、その結果、異なった環境に置かれた人たちと自分を見比べる機会も減ってくることでしょう。

先に触れた博報堂研究開発局の「楽差社会」論でも、今日の若年層においては、たとえばモノは一人占めするべきではなく、みんなと共有したほうが生活を豊かに楽しめるだろうし、勝者と敗者を決める競いあいをするよりは、みんなで楽しむための競いあいをしたほうが実りも大きいといった価値観が広がってきているという指摘がなされています。そこで用いられている言葉を借用すれば、いまでは「競争」は忌避されるようになり、「競演」が求められるようになっているというのです。

実際、厚生労働省の委託で二〇一三年に実施された「若者の意識に関する調査」によると、現在の生活に満足の理由として人間関係を挙げた人は、過半数を占めてもっとも多くなっています。また、NHK放送文化研究所が二〇一二年に実施した「中学生・高校生の生活と意識調査」でも、学校生活が楽しい理由の第一位には、友人との付きあいが挙げられています。生活を満足させる要因として、人間関係の比重がいかに大きいかが分かります。

現在の若者たちは、たしかに経済的には厳しい状況に置かれているのかもしれません。しかし現在の人間関係に対する満足度の高さは、その劣悪な環境を補っても余りあるもので、そのため彼らの幸福感は上昇しているといえそうです。これまでの調査データからは、そんな構図が描けるでしょう。このような見解は、私たちの常識とも見合っており、じゅうぶんな説得力がありま す。だとすれば、そもそも問うべきなのは、いまの日本に心地よい人間関係が広がってきたのは なぜかということになるでしょう。

その理由は何かと問われたとき、まず私たちの頭に浮かぶのは、古市も指摘していたように、おそらくインターネットの普及だと思われます。たしかに近年のネット環境が自由度の高い人間関係の構築を容易にしてきたことは事実です。しかし、理由はそれだけではないはずです。つながりのツールとしてSNSが活用されるようになったのは二〇〇〇年代の半ばに入ってからですが、内閣府が一九七〇年代後半から実施している「我が国と諸外国の若者の意識に関する調査」によると、友人や仲間との関係に充実感を覚えるという若者の増加は、すでに一九八〇年代の初頭から見られていた現象だからです。

だとしたら、そもそもSNSが急速に発展してきたのも、現代の人びとが、とりわけ若者や子どもたちが、そのようなサービスを強く求めてきた結果といえるでしょう。事実、人間関係の満足度の上昇は、友人関係のようなヨコのつながりにおいてだけでなく、学校での教師と児童生徒の関係や、家庭での親と子の関係など、タテのつながりにおいても見られる現象です。では、日常の様々な局面において人間関係の満足度を押し上げてきた社会背景とは何でしょうか。逆にいえば、かつての日本では人間関係の満足度がなぜ現在よりも低かったのでしょうか。

共同体の拘束力の強さ

私たちのノスタルジーを大いに刺激してヒットした映画、『ＡＬＷＡＹＳ 三丁目の夕日』シリーズ三作は、一九五〇年代後半から六〇年代前半の東京を舞台とした作品です。そこに描かれていたのは、近隣などの地域社会や家族や親族といった共同体に支えられた人びとのつながりが、現在よりもはるかに濃厚な時代の生活風景でした。映画のコンセプトが「古き良き時代の懐しさ」だったことからも分かるように、私たちは豊かで良き人間関係の原型をこの時代に求めようとします。しかし、じつは戦後の日本で殺人事件がもっとも多かったのもこの頃なのです。しかもその多くは、つながりの濃い親密な間柄で起きたものでした。

映画『ＡＬＷＡＹＳ』には、就職先の家に住み込みで働く少女が登場します。東北地方出身の彼女は、生家の家計を助けるために単身で上京してきました。それはこの時代だけのことではありません。徐々に地方が豊かになり、彼女のような貧しい境遇から解放された後も、地方の若者たちは、都会で収入を得ようと集団就職の列車に乗り込みました。また、家庭の事情でそれが叶わなかった若者たちも、都会での生活に強い憧れを抱いていました。

当時、地方の少年たちの多くが都会を目指した理由には、商業施設や文化施設などの充実度が、都市と田舎では格段に違っていたため、都会での華やかな生活に憧れていた側面もあったことでしょう。しかし、それだけが理由ではありません。生まれ育った地元での地縁や血縁といった人間関係の濃密さを、自分の人生を縛りつけ、可能性を閉ざす桎梏のように感じて、その鬱陶しさから逃れたかったからでもあるのです。前者が引き込み要因とすれば、後者は押し出し要因といえます。当時は、両者が相まって彼らを都会の生活へと誘っていたのです。

このように、人情の豊かな社会だったといえる時代は、裏を返せば、その人間関係の濃密さと強固さによって、付きあいや行動の自由が制限された時代でもあったといえます。同様の事情は田舎だけのものではなく、都会にもまた見られました。人間の当然の心理として、自由が制限されていればいるほど、そこから逃れて羽ばたきたい欲求も強くなります。映画『ＡＬＷＡＹＳ』のなかで、いつもスクリーンの背景に刻々と積み上げられていた建設中の東京タワーは、高度経済成長へと邁進していた時代の象徴であると同時に、そんな人びとの飛躍への憧れの象徴でもあったことでしょう。

しかし、この映画のなかで田舎から上京してきた少女もそうであったように、当時、単身で都会へ出てきた若者たちが、そこで自由な一人暮らしを送ることは経済的な事情からも難しく、その多くは住み込みや社員寮などで集団生活を送らざるをえませんでした。地方から上京して就職した若者に対して東京都が一九六三年に実施した調査によると、彼らが不満を覚えるものの第一位は「落ち着ける室がない」で、第二位は「自由時間が少ない」でしたが、前者は一人になるための空間が、後者はそのための時間が、当時はそれぞれ希少だったことを示しています。

社会学者の見田宗介は、この調査結果を踏まえて、その背後には「関係からの自由への憧憬」があると述べ、当時の彼らの日常意識においては、関係欲求よりも関係嫌悪のほうが強かったと指摘しています（二〇〇八）。そして、当時の若者が置かれたこのような境遇を「まなざしの地獄」と形容しています。当時の若者たちは、いつも周囲の人たちからの視線にさらされ、一挙一動に不自由さを覚えざるをえない状況に置かれていたのです。

したがって、その人間関係からは感情の衝突や軋轢も起きやすく、いったん事が起こると、それは抜き差しならない決定的なものとなりやすかったといえます。このように、人情の豊かな社会における人間関係の濃密さと、その行き違いから生じるフラストレーションの強さは表裏一体であり、その意味で愛憎は紙一重といえます。このような事情から推察すれば、この時代に親密な間柄での殺人事件が多かったという事実にも納得がいきます。まさに鬱陶しい「まなざしの地獄」がその背後にあったからなのです。

人間関係の自由化

共同体とは、血縁のような生物学的な類似性や、地縁のような空間的な近接性だけで成立するものではありません。それらの固定的な人間関係から生まれる価値観の同質性が、その存続に大きく寄与しています。異なった人たちが利害を調整し、共存を目指す関係が公共性だとすれば、似た人たちがそれを根拠に集まり、支えあいを目指す関係が共同性です。とりわけ伝統的な社会において、その価値観の同質性を保つための基盤として血縁や地縁が有効だったのは、その縁の境界を越える人口移動がまだ稀だったからです。イギリスの社会学者、アンソニー・ギデンズの表現を借りるなら、人びとの日常は地縁や血縁のなかに「埋め込まれて」いたのです(二〇〇五)。

しかし、一九七〇年代以降の急激な経済成長と人口の拡大は、人口移動率も大幅に増加させ、その過程で人びとの価値観を多様にしてきました。同じ景色を眺め、同じ対象を崇め、同じ関係を生きる経験が徐々に失われ、多種多様な環境を生きるようになってきたからです。また、社会が成熟するにつれて、人生の目標がたんに物質的に豊かな生活の実現ではなくなり、精神的に充実した生活を求めるようになってきたからでもあるでしょう。かつての人生目標がかなり一般的で普遍性を有していたのに対し、昨今のそれは人によって千差万別なものとなっています。その結果、共同体の成立基盤は弱体化し、その拘束力を弱めてきました。再びギデンズの言葉を借りるなら、近年は固定的な人間関係からの「脱埋め込み」が進行しているのです。

このように、共同体の拘束力が弱まって人間関係が自由化してくると、関係に対する満足度は上昇してくることになります。先ほども引用した内閣府の調査によれば、家族といるときに充実感を覚える日本の若者の割合は、一九八〇年代から現在に至るまで上昇しつづけています。また、地域社会に愛着を抱く若者の割合も上昇する傾向にあります。血縁や地縁といった共同体の抑圧力の強さに不満や反発を覚える若者たちは、いまではどんどん減少しているのです。

またこのような現象は、制度的な共同体だけで進んできたものではありません。友人関係のような自発的に作り上げられる共同体についても同様に当てはまります。かつては、同じ地域の住民だから、同じ学校の生徒だから、同じ部活の一員だからといったように、制度的な集団に同じく属することが、友だちや仲間との関係を支える上で大きな基盤となっていました。いまでも関係を作る最初のきっかけは当時と大して違っていませんが、しかしその後の関係を維持していく上で、制度的な基盤が果たす役割は大幅に小さくなっています。

たとえば、同じクラスメイトだからといって、自分と気の合わない相手と無理に付きあう必要はないし、同じ部活の先輩だからといって、その意向に無理に合わせる必要もない。集団の拘束力が弱まり、そのように考える若者や子どもたちが増えています。自分が好まない相手との関係に無理に縛られることが少なくなった結果、人間関係に対する満足度が上昇してきたのです。

こうして、地域のなかで、あるいは家庭のなかで、さらには友人関係のなかで、彼らが抑圧され、鬱積を抱えることは少なくなりました。自分の生き方を親が認めてくれずに特定の価値観を押し付けてくる、あるいは自分の思いを友だちが受け留めてくれずに一方的に非難される、そういった不満を募らせる若者たちは減りました。飛躍したい欲求を抱えた人たちが、その意思を妨げられずに自由に行動できる社会へと変わってきたのです。

人間関係と期待水準

このように見てくると、人間関係に対する満足感が生活満足度を支える要因となっているという見方には妥当性がありそうです。実際、社会学者の浅野智彦が若年層の人間関係の満足度と幸福感の関係を検証してみたところ、両者には強い相関を見出せました(二〇一五)。しかし、経時的な変化という要因を入れると、ここには新たな疑問が湧いてきます。

もし人間関係に対する満足感が生活満足度を規定する最大の要因であれば、両者が増減する時期はほぼ一致するはずです。ところが、現実にはそうなっていないのです。これまで述べてきたように、人間関係に対する満足感の上昇は、すでに一九八〇年代から一貫して見られていた現象です。他方、生活満足度のほうは、一九八〇年代にほぼ横ばいとなり、その後一九九〇年代にはいったん大きく下降します。そして、二〇〇〇年代に入ってから再び上昇へと転じるのです。

ここには、かつてイースタリンが経済状況と生活満足度の間に見出した逆説と相似した現象が見られます。一時点のデータで見ると人間関係の満足感と生活満足度の間には相関が見られるものの、長期的な傾向を比較した場合にはその相関が消えてしまうのです。経済状況と生活満足度の場合、両者の相関がある時期に消えてしまうのは、基本的なニーズを満たすまでは所得が幸福度に影響を与えるけれども、所得があるレベル以上になると幸福度に影響を与えなくなり、相対的に別の要因の比重が増してくるからです。だとしたら、人間関係の満足感と生活満足度の関係についても、それと同様の現象が起きているのかもしれません。

このように検討してくると、古市が挙げている第二要因についても改めて考察してみる必要がありそうです。期待水準の低下という第二要因は、第一要因から派生するものと考えられるだろうと先ほどは述べましたが、じつはそれ以外の要因によって規定されている可能性もあるでしょう。そこで次の第２章では、この可能性について具体的に考察していくことにします。

第2章　高原社会に広がる時代精神

生活満足度の世代格差

まずは前章の冒頭と同様に、相対的貧困率の変化の考察から始めましょう。前章では全体と子どもの貧困率しか確認しませんでしたが、ここでは高齢者も含めて年齢別で見てみることにします。それを一九八五年と二〇一二年の時点で比較したものが**図2-1**です。ざっと眺めただけで、男女ともに若年層の貧困率が上昇していることが分かります。また、高齢層の男性では逆に低下していることにも気づきます。

昨今は、子どもの貧困とともに老人の貧困も大きな問題として取り上げられることが多いので、このグラフは意外に見えるかもしれません。前章でも格差こそが不満感の元凶だと述べたので、高齢層の生活満足度が若年層のそれほど上昇していないのは、高齢層のほうが格差が拡大しているからではないかと推測された方もいらっしゃるでしょう。近年は高齢者の人口が急激に増えているために、貧困状態にある老人の実数も増えており、それがこの問題を際立たせている面はあります。しかし、人口比率で計算すると、高齢女性の貧困率は相変わらず高く、さらにその高齢化もやや進んでいるものの、高齢男性のそれはむしろ低下しているのです。

二〇〇〇年代以降、能力主義的な賃金制度の導入や非正規労働の増加などによって、低所得者

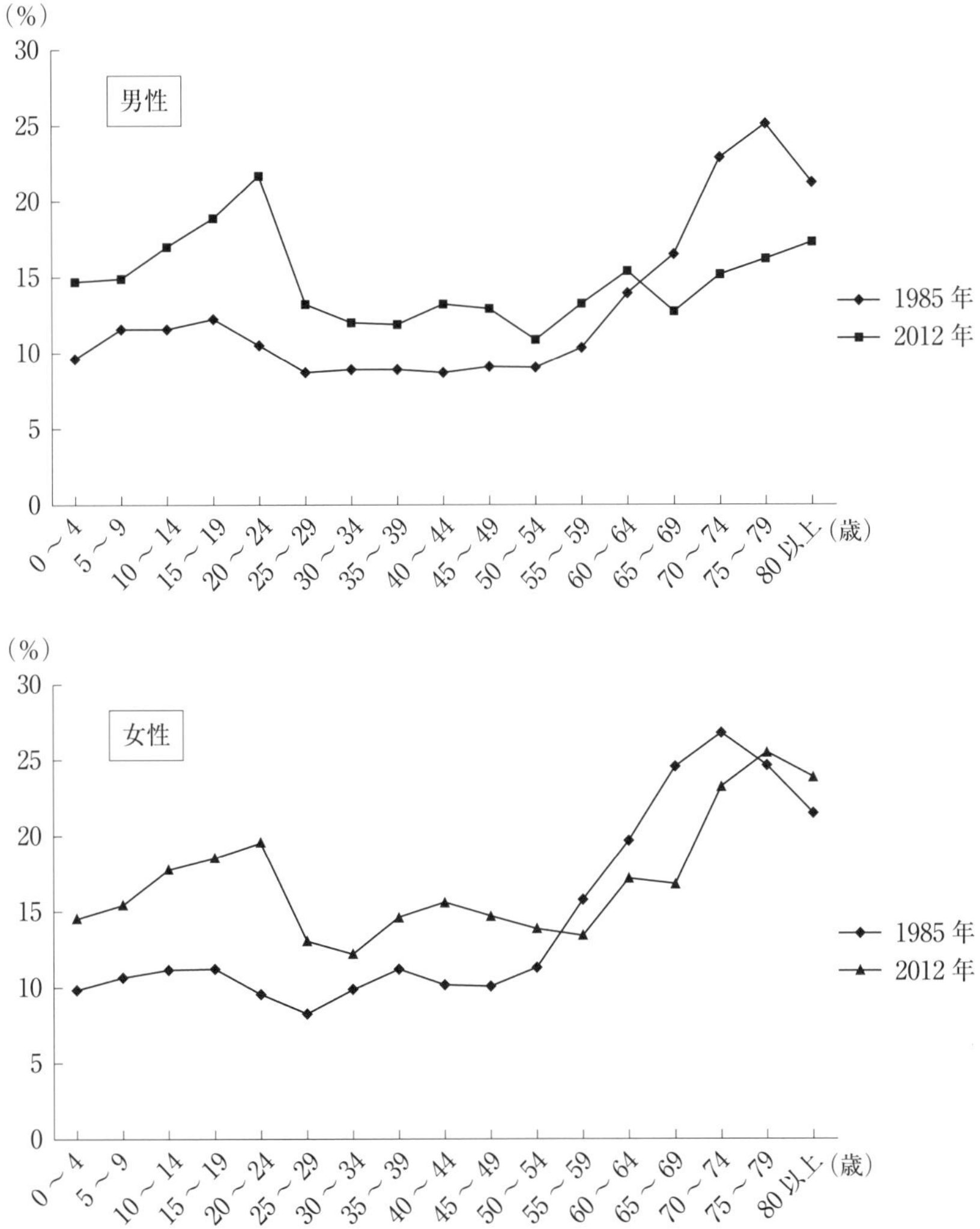

図 2-1 男女年齢層別の貧困率

(阿部彩(2015)「貧困率の長期的動向：国民生活基礎調査 1985～2012 を用いて」貧困統計ホームページ)

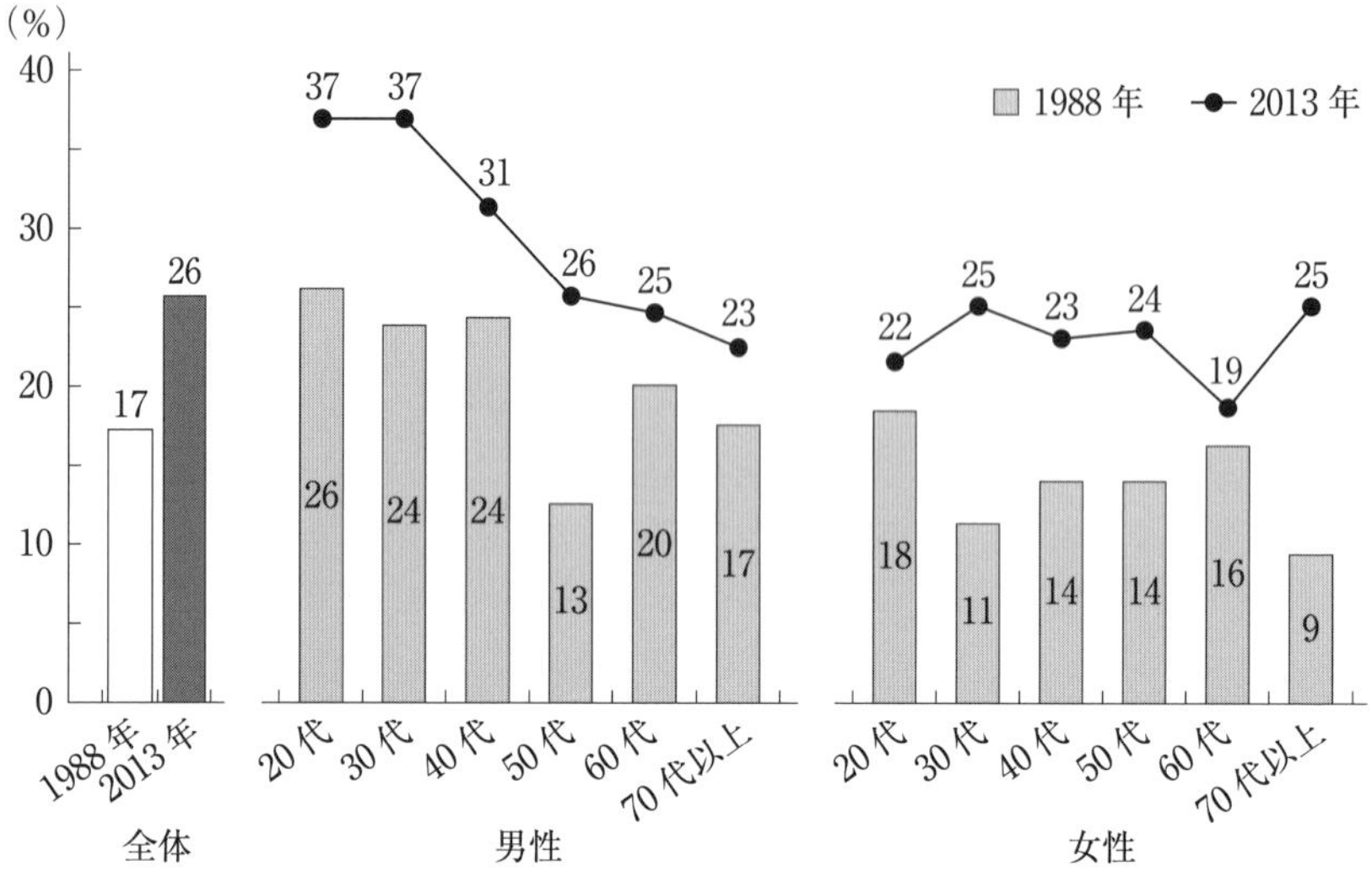

図2-2　努力しても報われないと思う割合
(統計数理研究所「日本人の国民性調査(第13次)」)

が多くを占める若年層の所得格差はたしかに拡大してきました。しかし、もともと高所得者が多い高齢層の男性では、格差の幅も大きいために、高所得者の割合が減ると格差は縮小して表われることになります。それが何を物語っているかは後ほど述べることにして、ここでまず指摘したいのは、年齢層による貧困率の変化の相違は、それぞれの年齢層の生活意識にも相違をもたらしているという事実です。

図2-2を見ていただくと、近年の貧困率の上昇とともに、努力しても報われないと考える人が全体的に増えていることが分かります。それと同時に、この傾向は、貧困率の上昇が激しい若年層でとくに強くなっていることも分かります。また高齢層を見てみると、依然として貧困率の高い女性では報われないと感じている人が増えてい

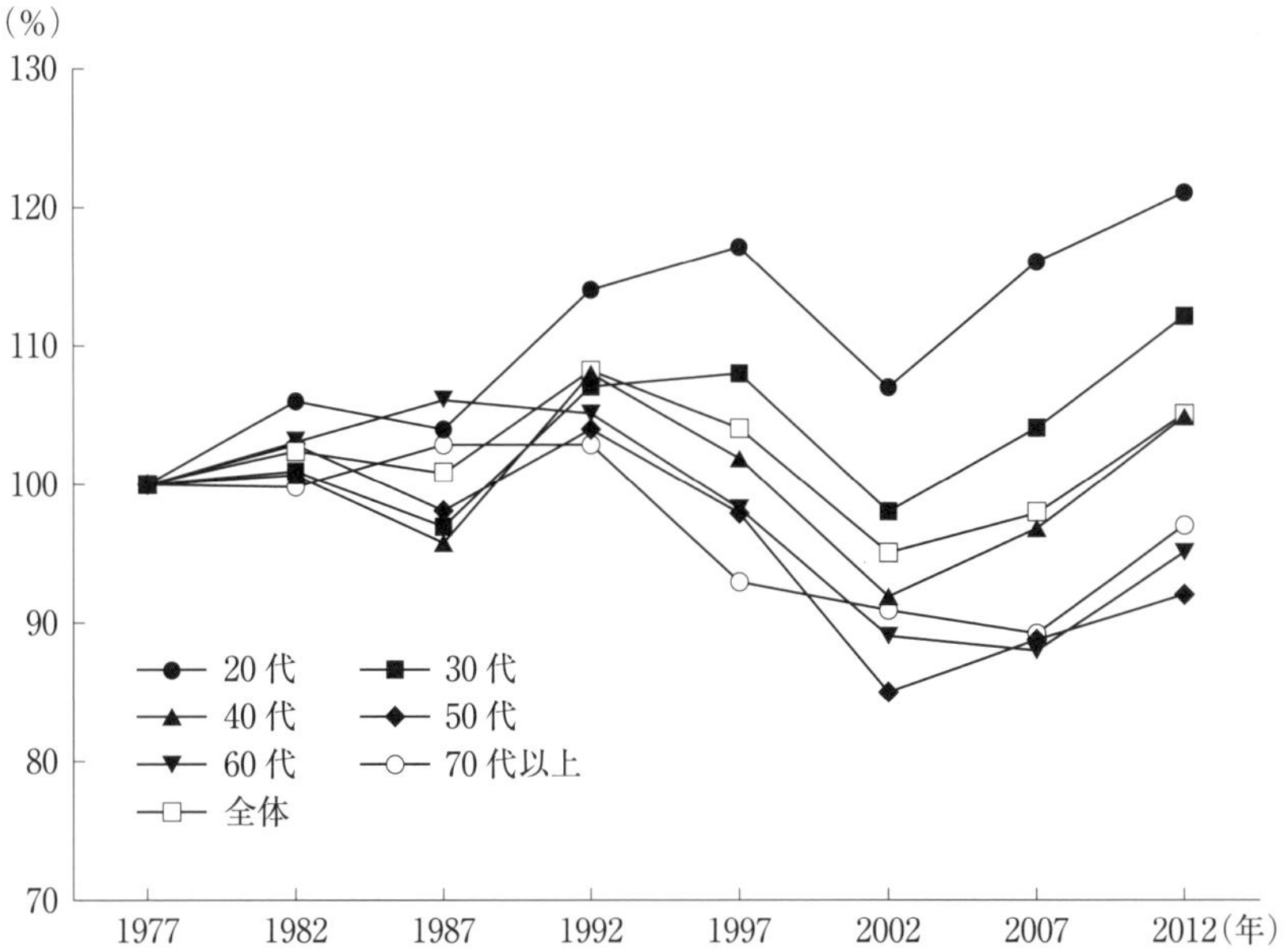

図2-3　生活満足度の推移(『平成24年度　国土交通白書』)
(注) 現在の生活に「満足している」,「まあ満足している」と答えた者の合計の割合について，1977年からの変化率をとったもの.

るものの、貧困率の下がっている男性ではあまり大きな変化が見られないことにも気づきます。このように貧困率の変化は、人びとの人生観にも少なからぬ影響を与えているようです。

ところが、前章で指摘したように、同じ生活意識であっても、その満足度のほうは逆の傾向を示しています。貧困率が上昇した結果、努力しても報われないと考える人は増えているのに、満足度については上昇しているのです。しかも**図2-3**が示すように、近年は、貧困率の上昇が激しい若年層ほど、その上昇傾向も著しくなっています。貧困率と満足度が正反対の動きを示していることについては前章で触れましたが、それは貧困率の変化を年齢層別にみた場合にも当てはまるのです。

では、まったく同じ社会を生きていながら、年齢層によってこのような差異が生じているのはなぜでしょうか。若年層のほうが格差は拡大しているのに、その状況に対して彼らのほうが不満を覚えなくなっているのはなぜでしょうか。このような年齢層による満足度の相違を反映して、刑法犯の検挙人員の人口比率も、若年層では大幅に減少しているのに、高齢層では高止まりを続けています。そこで、この刑法犯の動向を糸口にして、この問題についての考察を進めていきましょう。

増加する高齢者犯罪

いま、高齢者の犯罪で大きな問題となっているのは万引き犯の多さです。もともと刑法犯の大半を占めるのは窃盗犯であり、さらにその過半数を占めるのは万引き犯なのですが、昨今は若年層の万引き犯が激減しているのに反して、高齢層のそれは激増しています。少子高齢化の影響もあって、高齢層の摘発件数は、いまや若年層のそれを上回ってしまいました。かつて万引き事件といえば少年非行の代名詞のようなものでしたが、いまや老人犯罪の代名詞のような様相を呈するまでになっています。

万引き犯について語るとき、近年とくに注目されるようになってきたのは、クレプトマニア(窃盗症)による犯行の常習化でしょう。また高齢者の特徴として、前頭側頭型認知症が放置された結果、本人に自覚のないまま犯行に至ってしまうといった事例も散見されます。しかし、じつはどちらも万引き犯の大半を占めるほどの多さではなく、むしろ大きな要因として指摘されているのは人間関係の貧困という問題なのです。

万引きをする人間にはお金に困っている者が多いと一般には考えられがちですが、東京都の設置した「万引きに関する有識者研究会」が二〇一六年に実施した調査の報告書によれば、高齢者の万引き犯に占める生活困窮者の割合はけっして高くありません(二〇一七)。しかし、お金に不安を感じている高齢者は、一般と比べて万引き犯のほうが倍以上も多いのです。いざという時に頼れる家族や友人が思い当たらず、孤立感を抱いているからでしょう。お金しか頼るものがないため、少しでも使わずになるべく多く溜め込んでおきたいと考えてしまうのです。

この報告書によれば、高齢者の万引き犯の約半数は一人暮らしの人たちです。まったく家族がいなかったり、たとえいたとしても別居状態でお互いの接触がほとんど見られないケースが四割近くに達しています。また友人も少なく、一日じゅう誰とも話さないことがあるという人が約半数おり、相談に乗ってくれる相手は誰もいないという人も四分の一を占めています。一般の高齢者で同居者なしの割合は一四%、家族と接触のない人は七%、誰とも話さない人も一四%、相談者のいない人も二%にすぎませんから、両者の人間関係には大きな落差があります。

また、万引き犯には規範意識が低い人間が多いとも思われがちですが、そんなことはありません。この報告書によれば、万引きをした高齢者と一般の高齢者で、普段時の規範意識に差はまったく見られません。ただし、その規範意識が店内ではうまく働かなくなってしまう人は万引き犯に多いようです。気が緩んでしまう背景には認知機能の衰えがあるとも考えられますが、人間関係の貧困もその要因の一つとなっているといえるでしょう。

自分を心配してくれる家族や友人がいれば、つい魔が差してしまいそうになったとき、「彼らに顔向けができない」といった思いがその問題行動を抑制してくれます。しかし、そういった顔を思い浮かべられない人は、そのブレーキを働かせにくくなります。また人間関係の欠如は、むしろ逆に問題行動を煽ってしまうこともあります。万引きのように非日常的な行為にともなう精神的な高揚感や達成感は、日々の寂しさや虚しさを一時的にでも忘れさせてくれるからです。現実には、孤立感のあまり声をかけられることを期待して犯行に走ってしまう人すらいるほどです。

もちろん、生活の困窮から万引きに走る高齢者が一定数いることも事実ですから、その存在を忘れてはなりません。しかし、その問題の背後にも人間関係の貧困があることに目を配るなら、いずれの場合であっても問題の根源は同じであるといえます。近年、話題となった無縁化という言葉にも象徴されるように、人間関係の自由化は、制度的な拘束力が低下することでその不安定化をもたらしやすく、それが関係の欠如を招いてしまう負の側面も備えているのです。

現在の高齢者は、現在ほど価値観が多様ではない時代に若かりし日々を過ごしてきました。とりわけ日本は島国ですから、いちいち言葉に出さなくても、いわば「あうんの呼吸」で話が通じてしまう場面も多かったことでしょう。そのため、お互いの意思疎通をはかるために現在ほど高いコミュニケーション能力を必要としませんでした。さらに、男性は黙っているほうが男らしいといったジェンダーバイアスも強くありました。職人気質という言葉に見られたように、いわば「口先の動作」よりも「手足の動作」を重視し、それを美徳とみなす心性を身につけてきた世代なのです。

このように、自己表現の不得手な高齢層にとって、今日のように自由化の進んだ人間関係は、マネジメントが難しく不安定きわまりないものです。制度によって関係が縛られないということは、裏を返せば、制度が関係を保障してくれないということでもあるからです。今日の地域社会では、たとえ同じコミュニティやサークルの一員であっても、それが人間関係を保障してくれる基盤とはなりにくくなっています。家族関係や親戚関係も緩やかになっています。人間関係の貧困という問題が、若年層より高齢層において相対的に浮き彫りになりやすいのは、このようにこの世代に特有の背景があるからなのです。

期待−現状＝不満

このように見てくると、若年層では生活満足度の高さの一因となっている人間関係の自由化が、高齢層では逆にその低さの一因となっている様子がうかがえます。しかし、それだけで高齢層の万引き犯が多いことの背景を語ろうとすると、ここでもやはり時期のずれが問題となってしまいます。人間関係の自由化がその不安定化をもたらしたのであれば、関係の欠如が進んできたのも一九八〇年代以降だと考えられますが、高齢者人口に占める万引き犯の比率が急増するのは一九九〇年代後半からなのです。

では、高齢者による万引き犯が増えている背景として、その他にどんな要因を考えることができるでしょうか。犯罪学者の齊藤知範は、右で紹介した東京都の調査データを独自に解析し、高齢者の万引きを促進させる大きな要因を二つ抽出しています（二〇一八）。その一つは、いま指摘した親密な人間関係の欠落に当たるもので、彼はそれを「快刺激の剝奪による緊張の高まり」と呼んでいます。もう一つは、前章で整理した古市の第二要因に当たるもので、彼はそれを「目標の不達成による緊張の高まり」と呼んでいます。ここでいう緊張とは、心理的な安定感が損なわれた状態と考えればよいでしょう。

一般に、目標が不達成に終わるという事態を努力との兼ね合いで考えたとき、想定される状況には二つのパターンがありえます。まず思い浮かぶのは、定められた目標に比べて努力が足りなかった場合でしょう。たとえば、上級学校への進学や資格の取得を目指す受験生が試験の合格に至らなかったのは、そのための努力が足りなかったからかもしれません。しかし見方によっては、目指した学校や資格のレベルが当人にとって高すぎた場合もありえます。あまりに目標を高く設定しすぎてしまうと、いくら努力してもそこに到達するのは難しくなるでしょう。これが二つめのパターンです。

このように、目標を達成できるか否かは、目標と努力の二つの変数に左右される関数です。ここで、目標の不達成による緊張の高まりを平たく不満と表現するなら、不満とは期待と現実のギャップに対して抱く感情といえます。それは、現状がどう変化するかによって左右されると同時に、期待がどう変化するかによっても左右されるのです。これが第二要因での論点となる期待水準の問題です。一般に、私たちが抱く不満は、自分が置かれている現実の客観的な劣悪さそれ自体によるのではなく、主観的な期待水準とその現実との格差によって決まります。したがって、たとえ同じ状態にあっても、期待水準の高い人のほうが不満感は強くなります。このような心理傾向は、社会学ではよく知られた現象で、相対的剝奪と呼ばれています。

この理屈で考えると、第１章の**図1-4**にも表われているように、これまでは高齢層の生活満足度より若年層のそれのほうが総じて低かった理由もよく説明できます。まだこれからの人生が長い若年層のほうが、その人生に対する期待水準も一般的に高くなるのは当然でしょう。今後の人生に期待をかけられる分だけ、現在の満足度は下がるのです。したがって、歳をとるにつれて生活満足度が上がっていくのは加齢効果といえます。ところが経年で比較すると、現在に近づくにつれてこの傾向が崩れ、年齢による差異が消えていきます。高齢層の生活満足度はほとんど上昇していないのに、若年層のそれは大幅に上昇しているからです。加齢効果ではこの現象を説明できませんから、そこには時代の影響を考えなければいけません。では、その背景には何があるのでしょうか。

第１章でも指摘したように、今日の日本では価値観の多様化が進んでいますから、目標の具体的な中身については個人間の相違が大きくなっているはずです。しかし、たとえ目標の中身が千差万別であったとしても、その期待水準がどの程度のレベルに設定されるかについては、完全に不規則というわけではなく、そこには世代による差異も見られます。おそらく時代の空気に左右されながら判断される部分も大きいからでしょう。たとえば、この時代精神の違いは**図2-4**からも読み取ることができます。

このグラフからは二つの事実が分かります。まず一つめの事実は、どの時代でも一般的に人は

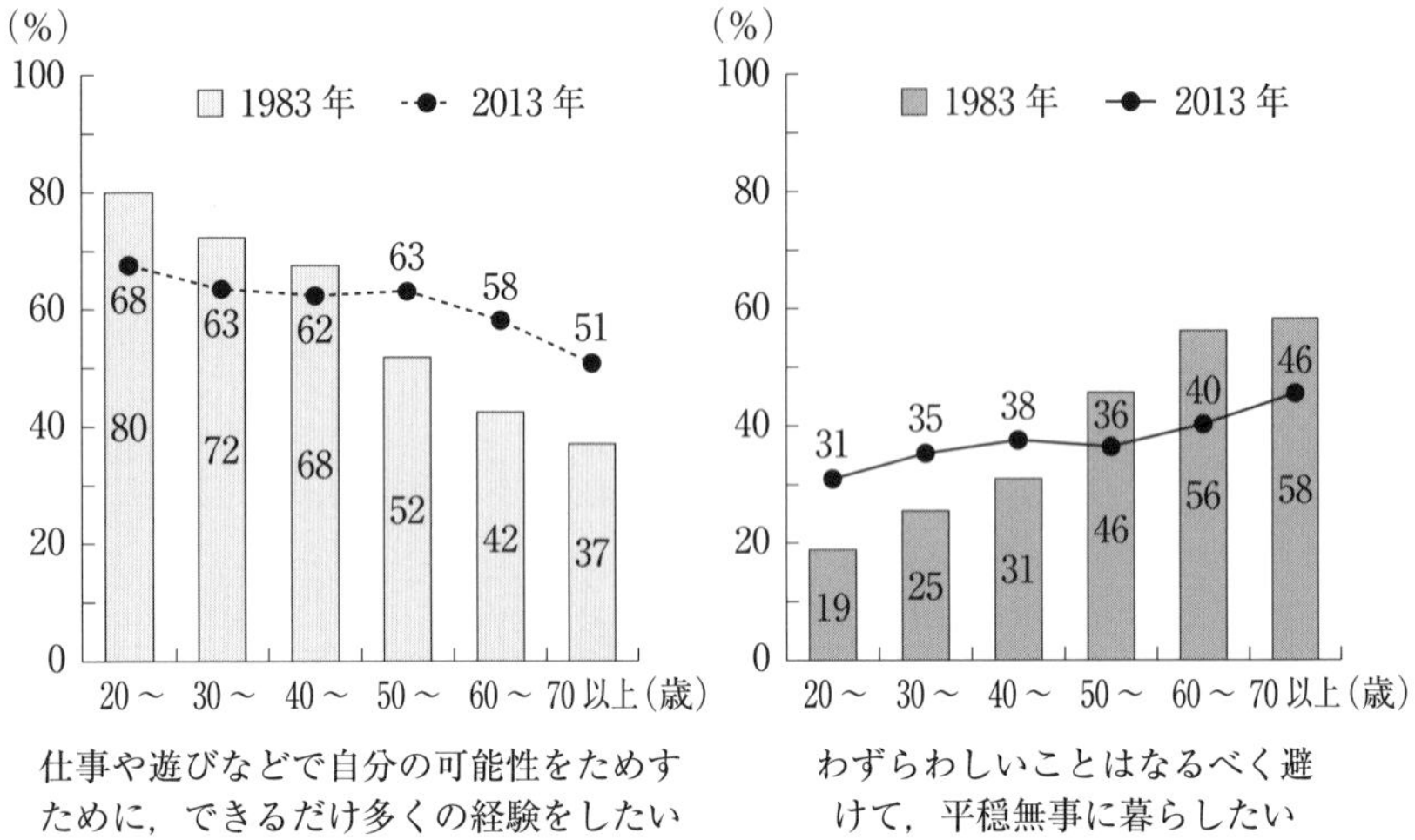

図2-4　自分の可能性を試してみたいか

(統計数理研究所「日本人の国民性調査(第13次)」)

歳をとるにつれて保守化していく傾向にあるということです。この理由については改めて説明するまでもないでしょう。先ほど触れたように、自分に残された時間が短くなればなるほど、人生に過剰な期待をかけなくなるのは、人としてしごく当然の心理です。これは加齢による変化ですから、時代を問わずにいつも同じ傾向を示します。

しかし、ここで注目すべきは二つめの事実です。一九八三年と二〇一三年を比較すると、四〇代以下の年齢層では保守的な人びとが増え、五〇代以上の年齢層では逆に減っているのです。ここには時代の変化にともなう世代の相違をはっきりと見てとることができます。ちなみに、このグラフでちょうど右の年齢層が境目になっている理由はしごく単純です。一九八三年に二〇代、三〇代、四〇代だった人たちは、三〇年後の二〇一三年にはそれぞれ五〇代、六〇代、七〇代になっているからです。

このように見てくると、二〇〇〇年代の高齢層は、一九八〇年代の高齢層よりも積極的な人生観を抱くようになっているといえます。一方、二〇〇〇年代の若年層は、一九八〇年代の若年層よりも消極的な人生観を抱くようになっているといえます。これを達成目標の期待水準の落差に当てはめれば、現在の高齢層はかつてより高い期待水準を抱くようになっている一方で、若年層はかつてより期待水準が下がっているといえます。まったく同じ社会を生きていながら、年齢層によって生活満足度の変化に相違が見られるのは、それが加齢効果ではなく世代効果に由来するものだからなのです。

成長期から成熟期へ

では、世代によって期待水準の変化に相違が見られるのはなぜでしょうか。現在の若者たちの期待水準が下がっているのは、個々のコミュニティのなかの人間関係でほぼ満足するようになっているからというのが古市の説明でした。また、その傾向が進んできた背景にはインターネットの普及があるとも前章では述べました。このように期待水準とは、一般に自分を誰と比較するかによって変わってくるものです。その比較対象となる集団のことは、社会学では準拠集団と呼ばれ、相対的剝奪とセットでよく用いられる概念です。たしかに若年層だけであれば、この説明で間に合うように思われます。しかし、若年層ほどではないとはいえ、いまや高齢層でもネットを駆使する人たちは増えているのに、彼らの期待水準は逆に上昇しているのです。これでは辻褄が

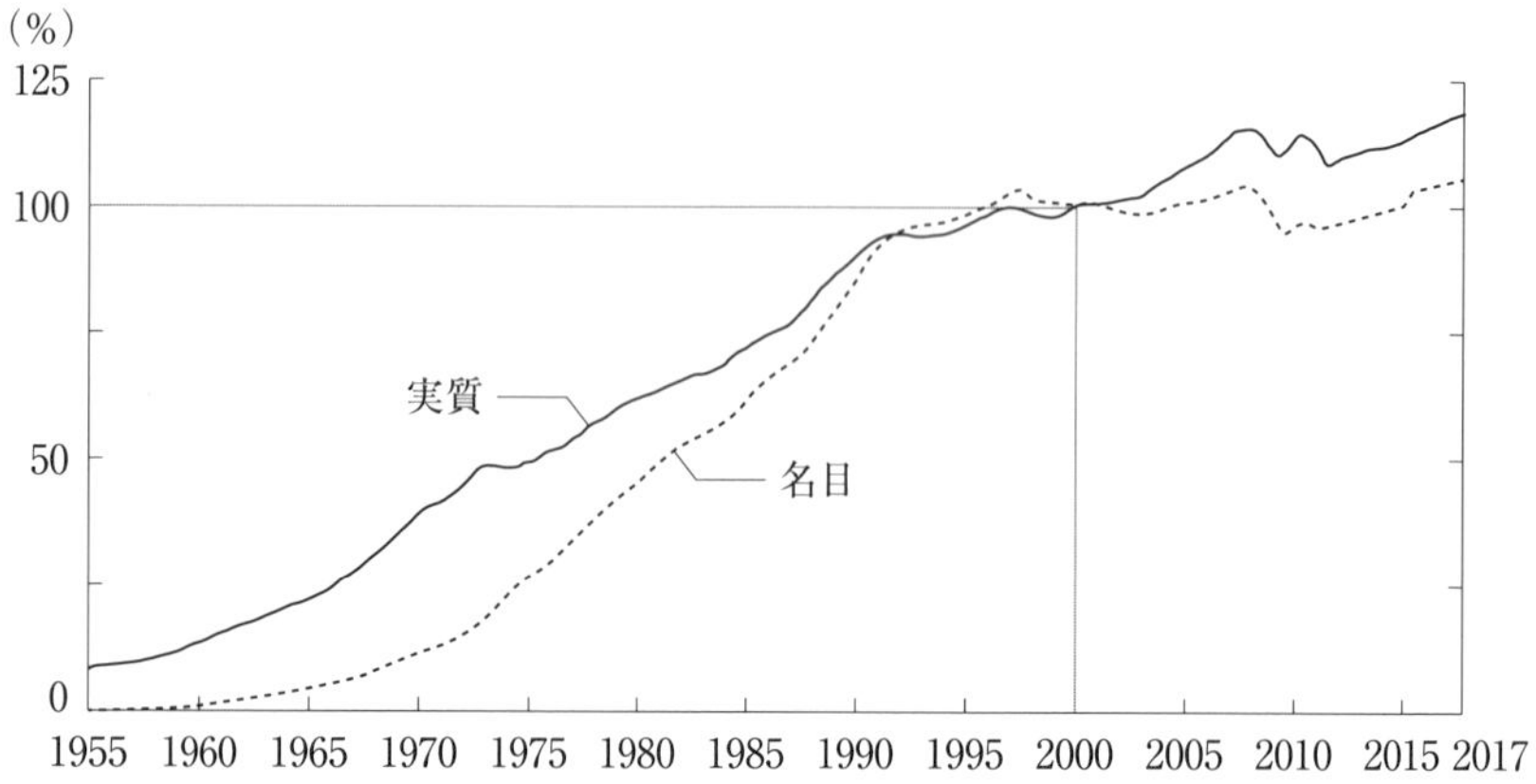

図 2-5　日本の GDP の推移(実質，2000 年基準，2000 年＝100)
(経済産業省『通商白書 2012』掲載のグラフに 2011 年以降の数値を反映させて作成．内閣府「国民経済計算」より)

合いません。

そこで、第二次大戦後から現在に至るまで、日本のＧＤＰの推移を示した**図2-5**を見てみましょう。前章でも触れたように、ＧＤＰの変化がほぼ横ばいへ転じたのは一九九〇年代であり、この時期を境目にして日本の社会は大きく二つの時代に分けられることが一目瞭然です。九〇年代以前は山の急斜面をずっと登り続けていましたが、それ以降はやや平坦な道のりへと移っています。前章でも述べたように、たしかに近年は好景気を更新していましたが、その経済成長率は一%前後であり、一〇%を超えることもあった時代とは様相がまったく違います。身体的な生育になぞらえていうなら、九〇年代以前は成長社会と呼ぶことができ、それ以降は成熟社会と呼ぶことができるでしょう。見田宗介の巧みな比喩を借りるなら、現在の私たちはすでに山を登りつめて、高原地帯を歩みはじめているのです(二〇一八)。

かつて日本人は勤勉だといわれていました。その国民性は「努力したら報われる」という心性に支えられてきたものです。事実、急成長を続けていた時代の日本では、多くの人びとが努力の成果を享受しやすかったといえます。もちろん、努力したからといって誰もが成功できたわけではないでしょう。しかし成長期においては、上昇するエレベータにみんなで乗り込んでいるようなものでしたから、たとえ社会の底辺に近い位置にあっても、生活の向上をその位置なりに実感することができました。まさに「為せば成る」と多くの人びとが感じえた時代だったのです。

現在の高齢層は、この成長期の只中に思春期を送り、自己形成を行なってきた世代です。**図2-2**で示したように、「努力したら報われる」という心性を保持しつづけている人たちがいまだに多い理由はここにあります。いまも当時の時代精神をそのまま引きずっているのです。若かりし頃に成長社会を体験した世代にとって、当時の社会で培われた期待水準の高さは、たとえ社会状況が大きく変わってもなかなか拭い去ることができないのでしょう。この歴史的背景が、この世代に特有の期待水準の高さをもたらしていると考えられます。このように、期待水準を左右するのはいま現在の集団だけではありません。過去の自分に準拠点を置くこともありうるのです。その結果として相対的剝奪を強めているのが現在の高齢層だといえます。

この世代の刑法犯の動向だけ、他の年齢層と異なっている理由もここにあります。たしかに「努力したら報われる」という気持ちを強く抱いていればいるほど、努力しようというモチベーションは高まることでしょう。しかし、もし努力しても報われなかったときは、それだけ著しく不満感を募らせることにもなるでしょう。期待と現実のギャップが大きくなるからです。そして現実には、報われないことのほうが多くなっているのが現在の日本なのです。先ほど指摘したように、すでに現役を退いている高齢層では、これが高所得者の割合を減らし、皮肉なことにこの世代の格差を縮小させる背景にもなっているのです。

現在の高齢層は、いわば突然停止した日本社会という乗り物のなかで、自分たちだけが前方へつんのめりの状態になっているようなものです。しかも昨今は、「もう歳なのだから隠居でもして大人しくしていたら?」などといった紋切り型の老人役割を周囲から押し付けられることも減りました。その結果、それぞれが自分らしい生き方を自在に追求できるようになりました。それ自体はもちろん素晴らしいことでしょう。しかし他方では、先ほど指摘したように、その自由化こそが孤立した高齢者を増加させてもいます。これでは欲望の嵐のなかで気ばかりが焦って、糸の切れた凧のように舞い上がってしまいかねません。

現在、高齢層で増えている刑法犯は万引きだけではありません。暴走老人という言葉も使われるように、じつは暴行犯も激増しており、その増加率は窃盗犯を上回っています。高い期待水準を抱えながら絶えず焦燥感に駆り立てられている高齢者は、とりわけジェンダーバイアスの下でこれまでコミュニケーション能力を育んでこなかった高齢男性は、うまく意思疎通をはかることができなかったときに怒りを爆発させやすく、「口先の動作」よりも「手足の動作」が先に出てしまいがちです。いってみれば登山用のいでたちのままで平坦な高原地帯を歩きつづけているために、その服装が周辺の状況にそぐわなくなっているのです。

高原社会に生まれた世代

　他方、現在の若者たちは、すでに成熟期へ移行した後の社会に生まれ育った人びとです。生活水準においても、学歴においても、一世代前のレベルを上回ったことが簡単に実感しえた右肩上がりの時代はすでに終わり、ほぼ平坦な道のりがつづく凪の谷ならぬ高原の国に生まれ育ったナウシカのような人びとです。このような生粋の高原人にとって、見上げるような高い目標を掲げ、輝かしい未来の実現へ向けて日々努力しつつ現在を生きることなど、まったく現実味のない人生観に思えてもおかしくはありません。

　たしかにインターネットやIT、AIなどの技術革新に見られるように、現在においても社会は大きく変動しつづけています。その情報社会化の世界的潮流に現在の日本は乗り遅れているという指摘はあるものの、それでも新しい技術の開発とその発展によって、私たちの生活はかつてよりも便利になりました。しかし現在のそれは、生存の境界をさらに外部へと拡張し、現在の日常生活を隔絶的に飛躍させるものというよりも、すでに飽和した境界の内部をさらにきめ細かくし、現在の日常生活をさらにスムーズに営んでいけるようにするものです。その変化のイメージは、成長社会の変化のように階段を昇っていくようなものではなく、むしろ無限に横へずれていく感覚に近いといえます。その様相をもって、かつて静的な社会であった中世の再来と形容されることもあるほどです。たとえば、いま日本各地で喫緊の課題の一つとなっているのは、昭和時代に建設され、すでに老朽化した橋の保全をどうするかです。もはや新しい橋をかける時代は終わり、いまはそのメンテナンスの時代へと移行しているのです。

一九六七年に刊行された筒井康隆の『時をかける少女』というタイムトラベルを扱ったSF小説があります。この小説は青春文学としても名作の誉れが高く、これまでストーリーの細部を変更しながら何度もTVドラマ化や映画化が繰り返されてきました。有名なところでは、一九八三年に公開された大林宣彦監督の実写映画がありますし、二〇〇六年には細田守監督によってアニメ映画化もされました。しかし、この二つの映画を比較してみると、そこには明らかに大きな相違点があることに気づくのです。

まず最初に目につくのは、主人公の少女たちの性格が正反対である点です。大林版の映画では、ひたすら待ちつづける少女が主人公でしたが、細田版の映画では、自ら積極的にアクションを起こす活発な少女が主人公です。ここには、昨今のジェンダー観の変化が端的に投影されています。しかし、それに加えて、あるいはそれ以上に重要だと思われる相違点があります。大林版の映画では、現在とは隔絶したはるか彼方にあるものとして未来が描かれていました。しかし細田版の映画では、淡々と続いていくこの平坦な日常のすぐ先にあるものとして未来が描かれているのです。

大林版では、未来から現代へやってきた少年が、高度に発達した知識を持つ未来人であるがゆえに、周囲の生徒たちから浮いた孤独な存在として描かれていました。しかし細田版では、現在の自分たちとなんら変わるところがなく、周囲の生徒たちにすっかり溶け込んだごく平凡な生徒の一人として描かれています。したがって、その少年が再び未来へと去っていく場面でも、もう二度と会えないかもしれない永遠の憧れで終わる心の恋人から、「そのうち、また会おうね」と少女が呟く身近なボーイフレンドへと、その姿の描かれ方が大きく変貌しているのです。

　大林版が制作された頃の日本はまだ成長期にありましたが、細田版が制作されたのは成熟期に移行してからです。両者の作品における未来の描かれ方の相違は、まさしく時代精神の違いといえるでしょう。今日では、インターネットが普及したことによって、空間の移動に新しい発見がともないにくくなり、旅行の魅力が減退したといわれますが、日本社会が高原期へ移行したことによって、それと同様の感覚が時間の移動にも生じているように思われます。未来とはこの現在と隔絶した新世界などではなく、限りなく続くこの日常の延長にあるものと捉えられるようになっているのです。私たちは、未来の自分の姿を思い描き、そこに準拠点を置いて現在の自分の態度を決定することが多々あります。社会学では、このような態度を予期的社会化と呼んでいますが、現代の高原人に右のような未来観が広がりつつあるとすれば、それはこの世代が抱く期待水準にも大きな影響を与えることになるでしょう。

　日本青少年研究所が実施した「高校生の生活意識と留学に関する調査」によると、「現状を変えようとするより、そのまま受け入れたほうが楽に暮らせる」と答えた人は、一九八〇年には約二五%にすぎませんでしたが、二〇一一年には約五七%へと倍増しています。このような心性は、若者たちからハングリー精神が衰えたと批判的に捉えられることも多いのですが、現状を変えることのハードルのほうが上がったと捉え直すこともできます。動いている列車と止まっている列車では、そのなかで同じ距離だけ前方に歩いても、スタート地点からの移動距離は違ってきます。成長期の日本では、社会全体が向上していましたから、その勢いに乗ることで、わずかな努力でも現状を大きく変えることが可能な場合が多々ありました。しかし高原期の日本では、たとえ努力しても現状はなかなかそう大きくは変わらないものへと変質しているのです。

このように現在の日本では、努力の成果を誰もが享受することは難しくなりました。上昇を止めたエレベータのなかで、それでも上昇を実現するためには、他人をかき分けて自分が上へと這い上がらねばなりません。それができるのはごく一部の限られた人間だけです。「努力したら報われる」という実感は、今日の社会では希少なものへと変質してしまいました。私たちは、「努力しても報われない」と端から思っていれば、そもそも努力しようなどというモチベーションは高まりませんし、たとえ努力して報われなかったとしても、不満感はさほど募りません。期待と現実の間に大きなギャップが生じないからです。まったく同じ社会を生きていながら、二つの世代の生活満足度に大きな落差があるのは、おそらくこのように期待水準が大きく違うからなのでしょう。

諦めとの遠い隔たり

イソップ寓話の一つに「酸っぱい葡萄（狐と葡萄）」があります。美味しそうな葡萄の実った木を見つけた狐が、なんとか食べようとして懸命に跳び上がるけれども、どうしても届かない。やがて「どうせこんな葡萄は酸っぱくてまずいに違いない」と捨て台詞を吐いて去っていったという話です。フロイト心理学では、防衛機制の一つである合理化の例としてよく引用されますが、この狐が苛立ちを募らせたのは、葡萄に手が届きそうだったのに、だから懸命に跳び上がったの

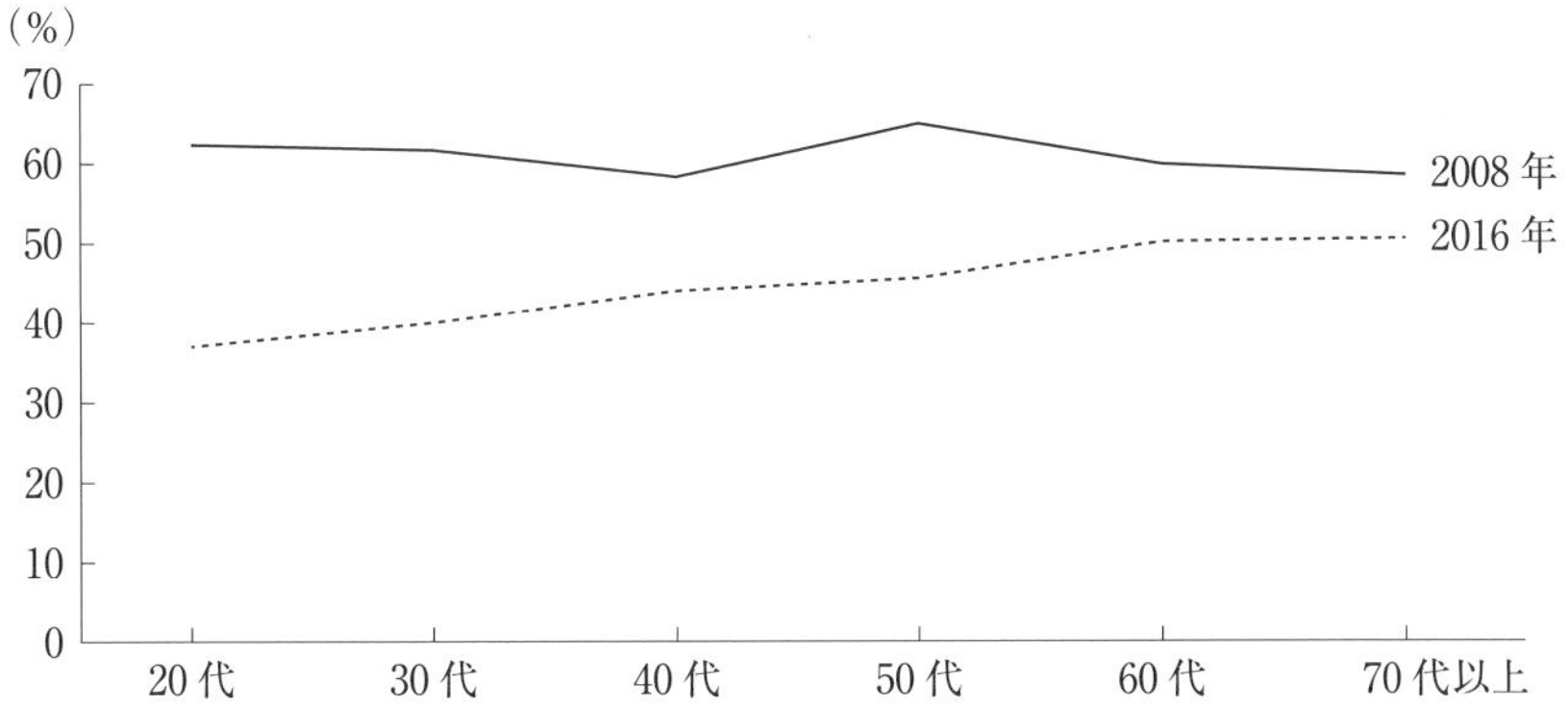

図2-6　生きていれば良いことがあると思う
(厚生労働省「自殺対策に関する意識調査」)

に、でも結局は届かなかったからです。だからその苛立ちを鎮めるために合理化を行なわざるをえなかったのでしょう。しかし、そもそも最初から葡萄に手など届くはずがないと思っていたらどうでしょうか。自分の気持ちを合理化せざるをえないほどの苛立ちは募らなかったはずです。

現在の高齢層が、なんとか努力すれば葡萄に届くはずだと思って懸命に跳び上がってきた世代だとすれば、そしてたまには実際に届いた経験も有している世代だとすれば、現在の若年層は、いくら跳び上がったところで届くはずなどないと冷めた目で葡萄を見つめている世代といえるでしょう。いや、そもそも頭上の木を見上げてみることもなく、その実りに気づいてすらいないのかもしれません。**図2-6**を見てください。この数年、生きていれば良いことがあると思う人は全年齢層で減少していますが、その減少幅はこれからまだ人生が長いはずの若年層ほど大きくなっています。未来に期待などできず、この先もずっと現在の状態が続くだろうと予想されているのであれば、現在の充足を優先させようとする心性が広がるのも当然でしょう。

第1章では、現在の若者たちの期待水準が下がっている理由として、不確かな将来のことなどあまり気にかけず、現在の生活を楽しむことに集中するようになったからではないかと述べました。しかし、この説明は正確ではなかったようです。以上のように考察してくると、未来が不確実なものだからではなく、逆に動かしがたく確定されたものだと感じているからこそ、にもかかわらずそれを先まで見通すことはできないからこそ、現在志向になっているのだと気づきます。いくらあがいたところで、それは変えようのないものだと感じられているために、そんな無駄なことはせずに現在の生活を楽しもうとするようになっているのです。

日本の社会学者たちが共同で実施している「階層と社会意識全国調査」の二〇一五年データを社会学者の狭間諒多朗が比較したところ、「将来のために節約・努力するよりも、今の自分の人生を楽しむようにしている」と回答した若年層は、そう回答した高齢層よりも多くなっています(二〇一九)。加齢効果だけを考えれば、人生の残り時間が限られている高齢層のほうが、そう回答する割合は高まるはずです。しかし実際の調査結果は逆の傾向を示しているのです。まだこれから人生の長い若年層のほうが現在志向を示しているのは、それが高原地帯に生まれ育った人びとの世代的な特徴だからでしょう。

ここで、古市も引用している社会学者の大澤真幸が唱えた説についても触れておいたほうがよいと思われます。彼もまた、未来への期待の低さが若者の生活満足度を押し上げていると主張しているからです。彼は、自らの輝かしい未来を想定しうる人は現在を不幸だと語ることができるけれども、それを想定しえない人は現在を否定的に捉えることができないと述べます(二〇一一)。未来に対して可能性を感じることができれば、たとえ現状を否定しても、自らの人生を全否定したことにはなりません。しかし、未来が拓けていないと感じるときに現状を否定することは、自らの人生を全否定してしまうことを意味します。人は、そのような状況に耐えられないというのです。

この逆説的な論法は、理屈としては理解できるものでしょう。しかし、未来への展望が拓けていないから現在の幸福感が高いというのなら、未来への展望が拓けている人の現在の幸福感は低いのかという素朴な疑問が湧いてきます。そこで浅野智彦が調査データを用いて実際に検証してみたところ、その結果は逆でした。当然のことながら、未来への展望が拓けていると感じている人のほうが、現在の幸福感も高い傾向にあったのです(二〇一五)。さらに、この知見を若年層の刑法犯の動向と重ね合わせてみると、この逆説的な論法には無理があることに気づきます。

普通に考えてみれば、犯罪に走りやすいのは、自らの未来について明るい展望を抱けないがゆえに、その行動によって失うものが少ないと感じている人たちでしょう。あるいは、その行動によって得るメリットのほうが大きいと考えている人たちでしょう。少なくとも個人が合理的選択をなしうる状況では、人生に対する希望の有無が犯罪行為に対して占める比重は大きく、一般に両者の間には逆の関係が成立しているといってよいと思われます。

ところが、もし自らの将来に希望を抱けないがゆえに、その反動として現状に満足せざるをえなくなっているのだとしたら、それは右の狐と同じく防衛機制によって生じた心理状態であって、その背後にじつは欲求不満が隠されていることになります。そこには、希望を持ちたいのに持てないという葛藤が潜在しているはずです。その不全感の強さは、この世代の犯罪率を押し上げていくに違いありません。

しかし、現実の動向はそうなっていません。逆に減少しているのです。だとしたら、現在の若者たちは、未来を諦めてるから現在の満足感を高めているわけではないはずです。そうではなくて、そもそも未来に希望を持つこと自体に最初から現実味を覚えていないのでしょう。諦めとは、それなりの期待がまずあって、それが裏切られたときに抱く感情です。しかし、そもそも最初から期待などしていなければ、諦めることもありません。若者たちの生活満足度が上昇しているのは、未来に期待できないからではなく、端的に未来に期待していないからなのです。

未来への展望が拓けていると感じている人のほうが、現在の幸福感も高い傾向にあるのは当たり前です。たとえば、非正規の仕事にしか就けないと思う人より、きちんと正規の仕事に就ける と思える人のほうが、幸福感はもちろん高くなるでしょう。しかし、その正規の仕事に就けた人たちも、将来は社長になれるかもしれないとは想像すらしなくなっているとしたらどうでしょうか。実際、日本生産性本部が二〇一六年に実施した「新入社員「働くことの意識」調査」によれば、昇進したいポストを尋ねた設問で「社長」と答えたのは一〇・八%で、この調査が始まって以来最低の数値でした。逆に、希望する働き方を尋ねた設問では「人並みで十分」が五八・三%で、過去最多の数値でした。いま進行しているのはこういう事態なのです。拓けていると感じうる未来像それ自体が萎縮しているのです。未来に期待していないというのはそういう意味です。

進歩主義規範の失効

未来に期待できないのと未来に期待していないのとでは、似ているようでいてまったく異なった心理状態です。前者は、自分が生きる意味を未来に求めながら、しかしその実現が叶わない状態ですから、そこに強い欲求不満を抱えていたとしても、いま生きている意味について思いあぐねることはありません。彼の眼差しはつねに未来という外部へ向けられています。それに対して後者は、そもそも自分が生きる意味を未来に求めていませんから、それは現在に求めるしかありません。彼の眼差しは自分自身に向かわざるをえず、それはしばしば生きる意味の空白に気づかせてしまうことになります。

私たちは、現状に満足してしまっては、さらに歩みつづける意欲が出てこなくなり、その場に立ち止まってしまいます。前へ前へと歩みつづけるためには、つねに満足を先送りにしておく必要があります。こうして、未来における高い快楽の存在を暗示することで、現在の快楽に浸りきることを抑制し、現状に対する不全感を未来へと歩みつづけるための原動力としてきたのが進歩主義的な近代規範でした。あるいは逆に、次の段階における満足を魅力あるものに見せかけるために、現段階の満足の価値を不当に貶めてきたといってもよいかもしれません。いずれにせよ、現在が未来のための手段にすぎないのであれば、そこに積極的な意味を求める必要はありませんでした。そこでは手段であること自体がすでに明確な意味だったからです。

成長期の社会にあっては、輝かしい未来の実現を目指して歩んでいくこと自体に、この現在を生きる意味を見出すことができました。その未来にどれほどの価値があるのかは誰も知りませんでしたが、その確認作業はつねに先送りにされました。なぜなら、どんな目標であっても、それは実現した瞬間に次の目標のための土台と化していたからです。現在の満足を得るためだけの目標は価値が低いとみなされ、あらゆる目標はさらに大きな目標を実現するための暫定的な手段となるべきと考えられていたからです。このサイクルが順調に回っていた時代には、生きる意味の空白に直面するなどという事態に陥ることはありませんでした。

人は、ひたすら山を登っている最中には、遠くの景色を見渡すことができません。見えるのは雲のかかった頂上だけで、そこに何があるのかは分かりません。しかし、その頂上を見失わないかぎり、歩んでいくべき方向ははっきりしています。その姿をたとえ見失っても、ひたすら上へ上へと歩いていけば、やがては山頂に到達できるでしょう。それに対して、平坦な地形が続く高原地帯では、晴れていれば視界が開けて遠くまで景色を見渡すことができますが、どちらへ歩んでいけばよいのか定かではありません。いま自分自身で決めなければならないのです。さらに周囲にもやがかかって見通しが悪いと、地形に起伏がないために方角さえ見失ってしまいます。いずれの場合も、歩んでいくべき方向は自分の意思で判断しなければなりません。こうして、いまの自分自身と向き合わざるをえなくなったのです。

ところで、先ほど参照した**図2-5**を改めてよく見ると、まだ成長期の半ばだった一九七四年から数年間は、ＧＤＰの階段が踊り場のようになっていることに気づきます。当時発生したオイルショックの影響で、第二次大戦後ずっと右肩上がりだった経済成長率が、初めてマイナスへ転じた時期なのです。そしてこの刹那の一時期は、やがて訪れる高原期を先取りするかのような時代精神が、わずかながらも芽生えた時期でもありました。

まさしくその一九七四年に放送された若者向けの連続TVドラマ、『われら青春!』の主題曲である「帰らざる日のために」は、当時六〇万枚を売り上げて大ヒットとなっています。いまの感覚からすればまだ暑苦しさはあるものの、それでも曲の冒頭は「生まれて来たのは　なぜさ／教えてぼくらは　誰さ／遠い雲に聞いてみても　何も言わない」という歌詞で始まっていました。劇中で描かれる教師像も、それまでの根性主義的な熱血漢から、鬱々と悩める若者へと変貌していました。しかしその後、産業資本主義から金融資本主義への大転換によって日本経済が不死鳥のごとく蘇るとともに、学園ドラマからもその色彩は再び消えて、八四年から放送されて大ヒットした『スクール☆ウォーズ』のような熱血番組へと舞い戻っていきます。

存在論的安心の揺らぎ

私たちは、出来事に対する連続性や秩序の感覚のなかを生きていると感じられるときのほうが、自己の安定感をたやすく得ることができるものです。かつて伝統的な共同体に人びとが「埋め込まれて」いた時代には、その窮屈さに不満を覚えたかもしれませんが、その不自由な人間関係こそが日常世界の連続性や秩序を担保する基盤にもなっていました。A・ギデンズは、このような状態を存在論的安心と呼んでいます。しかし、伝統的な共同体からの「脱埋め込み」が進行して人間関係の自由度が高まると、第1章で述べたように人間関係の満足度は上昇する一方で、この存在論的安心の基盤も揺らぎはじめることになります。

じつは、伝統的な共同体の弱体化が進んできた背景にあったのは、第1章で述べたような価値観の多様化だけではありません。成長期の社会にあっては、よりよい未来の実現へと向けた目的の遂行を効率よく推し進めるために、人びとは集団化され、強固な組織の一部に組み込まれていました。生きる意味の確認が先送りされるなかで、各種の共同体もまた目標達成のための合理的な手段と化し、それが拘束力の強さの基盤となっていたのです。しかし、高原期の社会ではその前提が消え去りますから、共同体も組織力の強さを失って弱体化していきます。この変化は、ともかく試合に勝つことを至上の目的とした運動部と、プレイを楽しむこと自体を目的とした同好会とでは、集団規範の拘束力がいかに違うかを想起してみれば容易に察しがつくでしょう。ちなみに、前者では活動に参加する意義も明白かつ不動ですが、後者ではどんな楽しみ方がよいのか絶えず省みる作業が必要となります。

また、そもそも価値観の多様化した現代社会では、生きる目標はかつてほど明白かつ固定したものではなくなりますから、それが存在論的安心の確保をさらに困難なものにします。それでも成長期の社会では、その問いかけを先送りすることによって、その困難を一時的に回避することができていました。しかし高原期の現在では、時間感覚の平坦化によってそれも難しくなっています。こうして現代のナウシカたる高原人たちは、自分がここに存在する理由に確信がもてない不安、あるいはその根拠を問わねばならない不安に直面することになりました。いわば存在論的不安を強く抱えはじめたのです。

二〇一八年に実写映画化もされた岡崎京子の名作漫画、『リバーズ・エッジ』の雑誌連載が始まったのは、まだインターネットも普及していない一九九三年でしたが、日本がまさにこの高原社会へと移行しはじめた頃です。高校生たちの日常を描いたこの作品では、今日に至るまで続く高原期の心性が見事に予見されています。どうやったらこの平坦な日常に裂け目を作ることができるのか、どうやったら自分自身から目を背けることができるのか、そのために彼らが試みたのは、河原で見つけた人間の死体を大切な宝物にし、また宇宙からＵＦＯを呼び寄せることでした。

現代のナウシカたちが、社会制度によって人間関係がきつく縛られることもなく、また未来のための手段と化した剛直な目標にも縛られることなく、いまを自由自在に生きることができるようになったのは、もちろん素晴らしいことでしょう。しかし、それは同時に、生きる意味の空白という不安を引き受けなければならない事態に直面することでもあったのです。「生まれて来たのは　なぜさ／教えてぼくらは　誰さ」と正面から問わなければならなくなり、かといって、来るべき未来という明確な判断の基準もないがゆえに、いま自分が歩んでいる方向は本当にこれでよいのかと不安に陥ってしまうようになったのです。

第3章　いにしえからの自分の本質

かけがえのない自分の誕生

漫画『リバーズ・エッジ』の高校生たちが、ＵＦＯなど存在しないことは百も承知であるにもかかわらず、それでも「ＵＦＯ呼んでみようよ　もう一回やってみようよ」と何度も試みざるをえなかったのは、アメリカ合衆国の作家、ウィリアム・ギブソンの詩から引用された作中の言葉にもあるように、それが「平坦な戦場で僕らが生き延びること」の方策だったからです。しかし、当然のことながらＵＦＯなどやっては来ませんでした。では、平坦な戦場を生き延びるためのもう一つの試み、人間の死体を大切な宝物にするほうはどうなったのでしょうか。彼らは、この限りない日常に裂け目を作る術として、なぜ人間の死体を選び、それに固執したのでしょうか。

過去を忘却して現在だけを生きることの危うさを見抜き、死者とともに生きない人間は自分の立脚点を見失って不安と孤独に陥ってしまうと説いたのは、スペインの哲学者、ホセ・オルテガ・イ・ガセットです（二〇〇二）。この箴言の示唆を受けて、この章では、死体を宝物にするエピソードには、このように超越的な立脚点としての過去という寓意が込められていると捉えることで、第2章で述べた存在論的不安の増大から現代の若者たちがどのように逃れようとしているのか、その具体的な姿を浮き彫りにしていきたいと思います。

私たちは、進むべき道がはっきり見えてさえいれば、その先へ向けて歩みつづけることで、生きる意味の空白に悩むことはありません。たとえ目標へ到達することが不可能だとしても、その目標が先送りにされているかぎり、そこに生まれるのは不満だけです。しかし、いったいどの方角へ歩んでいったらよいのか見当がつかなくなると、その途端に大きな不安が生じてしまいます。「自分は何を欲しているのか？　自分とはいったい何者なのか？」と問わざるをえなくなるのです。

たとえば、ともかくオーディオセットを手に入れることに夢中になっている人にとって、それを手に入れた後に何を聴くのかはまだ頭の外です。しかし、いざそれが手に入ってしまうと、今度はそれで何を聴いたらよいのかを具体的に考えなければならなくなります。このときしばしば陥りがちなのは、延々と続く膨大な楽曲リストを目の前にして、結局は何も選べなくなってしまうといった事態です。自分が何を欲しているのか、自分でも知らなかったことに気づき、当惑してしまうのです。これが高原期の社会を生きる人びとの抱える不安です。

しかし、現代のナウシカたちが自分自身と対峙するようになった理由はそれだけではありません。そもそも私たちが自己の空白に気づくには、その前提としてまず自己の自律性を実感していなければなりません。そして、その歴史的な背景となったのは、これまでも触れてきた制度的な共同体の衰退という現象です。それは、たんに人間関係の自由化と不安定化をもたらしただけでなく、それまで共同体に囲い込まれていた目標が個々人の側に開放されることで、人びとが自分の自律性に目覚めていく過程でもあったのです。

共同体がその成員をあらゆる方向から取り囲んでいたとき、その成員が自らの個性を自由に発現するのは難しいことでした。目標達成のための手段と化した共同体は、諸個人が自律的にふるまうことを抑制し、組織のなかの代替可能な一器官として扱ってきたからです。かけがえのない自分という自己意識は、そこには芽生えません。地縁や血縁にせよ、あるいは学校や職場にせよ、強固な共同体のなかに閉じ込められた人びとは、その自己意識もまた共同体のなかに埋没させざるをえなかったのです。

しかしその後、社会の高原化とともに制度的な共同体が拘束力を失いはじめると、人びとは各々が独自の経験と時間を生きられるようになります。その結果、各々が独自の個人意識を持つことも可能になります。人間は、小さな仲間のなかにいるときよりも雑多な群衆のなかにいるときのほうがはるかに自由な存在です。かつてフランスの社会学者、エミール・デュルケムがそう指摘したように、共同体という小集団の専制が後退して、個々人の多様性が確立されえたからこそ、かけがえのない自分という自己意識もそこに誕生してきたのです(一九七四)。

地元というフロンティア

高知県の山中にある大川村は、人口約四〇〇人の小さな村です。村議会議員を担う人物が誰もいなくなりそうになったため、議会を廃止して代わりに有権者全員で議論する総会を設けるべきか検討する会を二〇一七年に開催したほどでした。ところが最近、そんな寒村でベビーラッシュが起きているというのです。その背景にあるのは、村外からの移住者や村に残る若者の増加です。

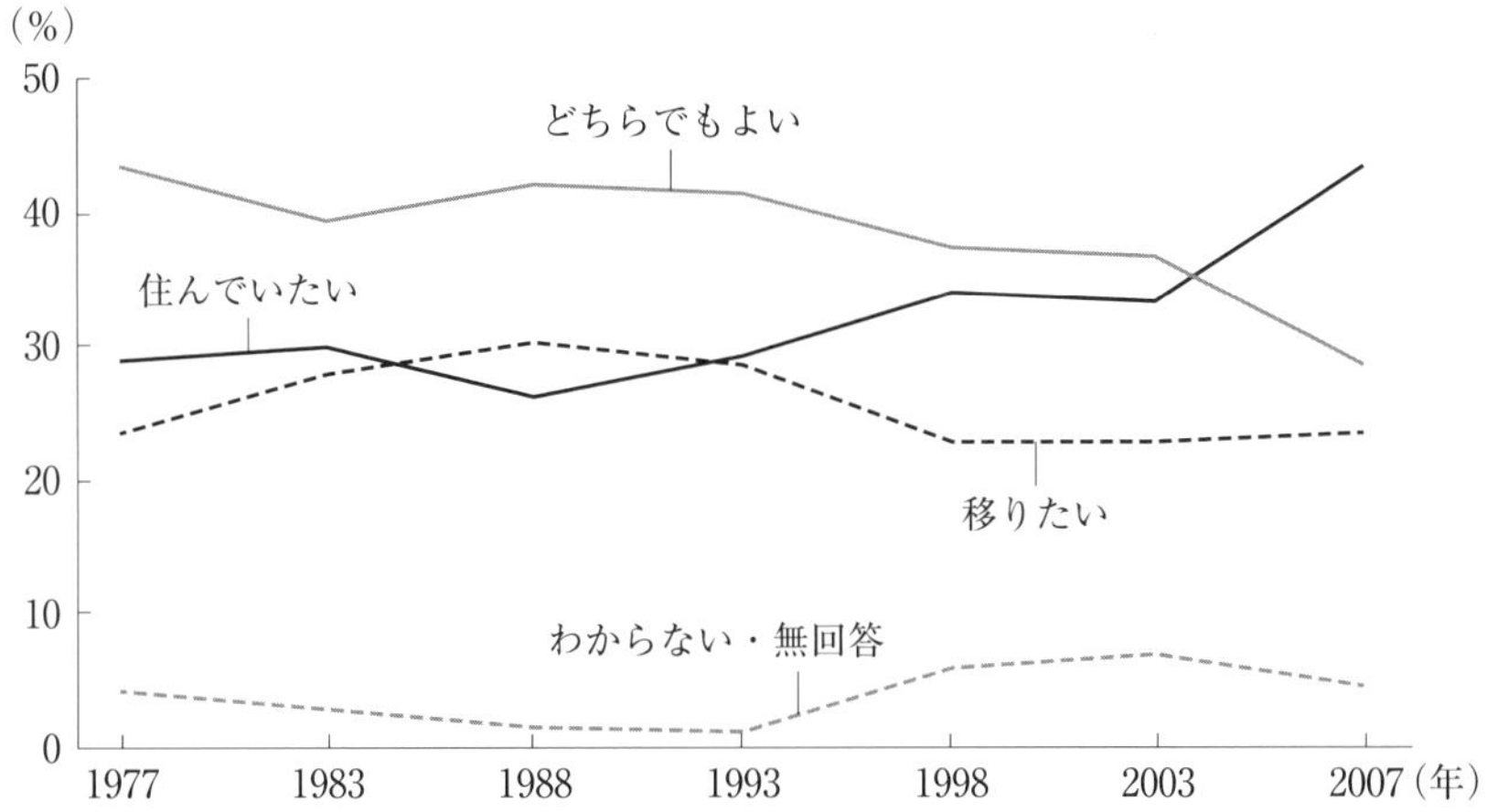

図 3-1　現在の地域に今後も住みつづけたい
(内閣府「我が国と諸外国の若者の意識に関する調査」)

彼らは、「夜な夜な集まるのが、学生時代みたいで楽しい」「村の人は親切、距離感がいいです」「人が少ない分、必要とされているってひしひしと感じる」などと語っています(「朝日新聞デジタル」二〇一九年四月四日)。

しかし同時に彼らは、その僻地での生活の不便さについての不満も口にしています。もし、インターネットがなかったら、そこでは生活していけないとの声も聞かれます。したがってこの現象は、いわゆる田舎暮らしへの憧れとはやや趣を異にしています。事実、若者たちのこのような地域社会への思い入れの強さは、都市部の若者にも共通して見られるもので、全国の津々浦々で進んでいる現象なのです。第1章でも引用した内閣府の意識調査によれば、いま住んでいる地域が好きという若者は今世紀に入って増える傾向にありますし、現在の地域に今後も住みつづけたいと考える人も**図3-1**が示すように増えているのです。

また、マーケティング・リサーチャーの三浦展《あつし》が二〇〇三年に実施した調査でも、首都圏の一都三県に住む二七歳から三三歳の若者が五年から一〇年後にどこに住むかを尋ねたところ、九〇%の若者がいま住んでいる都県内に住むと回答しました(二〇〇五)。一都三県をさらに細かく一四区域に区分して尋ねた設問でも、八二%の若者が将来も同じ区域に住むと回答しています。では、現在の若者たちのこのような地域社会への思い入れの強さは、いったい何を物語っているのでしょうか。共同体の専制が後退したことによって生きる自由を獲得し、かけがえのない自分という自己意識も芽生えたのに、またその小集団への回帰を志向しているのはなぜでしょうか。

二〇〇二年にＴＶで放送された『木更津キャッツアイ』は、宮藤官九郎が脚本を担当した連続ドラマです。千葉県の一地方都市である木更津に住む若者たちが、日々の生活のなかで繰り広げるエピソードを描いた作品で、最初に放送された当時は視聴率があまり振るいませんでした。しかし、放送終了後のＤＶＤ化によって人気に火がつき、その波にのって映画化された二作品は、ともに若年層を中心に歓迎されて大ヒットとなりました。

この番組が企画された当初案では、木更津だけでなく西船橋や川口などもロケ地の候補として挙がっていたそうです。題名に反して、ドラマの舞台が木更津でなければならない理由はどこにもなかったのです。その意味で、このドラマは、現在の日本を象徴する空洞化した地元を舞台とした物語だといえます。「木更津にスターバックスができますように」と、主人公の若者たちが地元の神社で祈るシーンはそれを象徴しています。

宮藤は、このような地元を舞台にした作品を他にも多く手がけています。『池袋ウエストゲートパーク』は、池袋の商店街にたむろする幼馴染みの若者たちを描いた石田衣良のシリーズ小説で、一九九七年に第一作が公表されて以来、その人気の高さからシリーズ化され、現在に至るまで一〇作以上が刊行されていますが、二〇〇〇年に連続TVドラマとして放送された際に、その脚本を担当したのも宮藤でした。また記憶に新しいところでは、NHKの連続TVドラマとして二〇一三年に放送された『あまちゃん』も、彼のオリジナル脚本によるものでした。

これらの作品に共通するのは、固有性を失った地方郊外での鬱々とした暮らしではなく、むしろ逆に魅惑的な物語に満ちあふれたファンタジーのような日々として、若者たちの日常が描かれている点です。それは、おそらく地元つながりに対する彼らの憧憬に的確に応えたものだったのでしょう。だからこそ、彼らの心を摑んで大ヒットしたのだと思われます。もちろん、これらの作品に描かれているような人間関係を現実の世界に見出すのは難しい場合もあるでしょう。しかし、理想的な人間関係をそこに求めていることに違いはありません。

今日、地方の各地で固有の物語が失われつつあるのは事実でしょう。しかし、若者たちの多くは、その空白地帯からの離脱を目論むのではなく、むしろ逆に、自分の精神的な拠り所をそこに見出そうとする傾向を強めています。そうしてみると、彼らの目には、現在の地元は空洞化した地帯だからこそ、魅力的な物語を紡ぎ出すために最適な場所であり、その可能性を秘めたフロンティアと映っているといえるのではないでしょうか。東日本大震災後の北三陸という空白地帯を第二部の後半の舞台とした『あまちゃん』の大ヒットは、その典型例のように思われます。

もちろん、今日の若者が地元つながりに理想的な人間関係を投影しうるのは、インターネットの普及に依拠するところも大きいでしょう。ネットを介した人間関係では、不都合で面倒な相手とは触れあうことなく、自分にとって心地よい相手だけと即座につながることができます。彼らのコミュニケーションがネット空間のなかで閉じられているわけではありませんが、ネットは気の合う相手だけとの濃密なコミュニケーションを可能にしてくれる装置でもあり、今日、LINEのようなコミュニケーション・ツールが多用されているのは紛れもない事実です。

現実に地元に住んでいる人びとは多種多様ですし、そこには不快な情報も紛れ込んでいます。しかし、彼らが求める人間関係にとって不都合な人びとや、あるいは余計な情報は、インターネットを介することでお互いのコミュニケーションの圏内から容易に排除されやすくなります。その結果、理想的な地元つながりがそこに形成されやすくなっていくのです。彼らのあいだで再生されつつある地元とは、じつはネットを介してバーチャル化された地元とでもいえるものであり、社会学者の鈴木謙介の表記法に倣えば、それはいわば片仮名のジモトなのです(二〇〇七)。

このように見てくると、現在の若者たちにとって、かけがえのない自分を抑圧する元凶とかつて思われていた地域社会が、いまや逆にかけがえのない居場所とみなされるようになった背景には、その地域社会に固有の物語も人間関係も、ともに空洞化してきているという事情があるといえます。そして、インターネットの普及がその流れをさらに加速させているともいえます。現代人がたんに濃密な人間関係を失って寂しくなってしまったからというだけではなく、そもそも生きる自由の獲得とともに失った生きる意味を紡ぎ出す場所として位置づけられているからこそ、現在の若者たちは地元に留まるようになっているのです。

再埋め込みへの憧憬

現在の地域社会にあるのは、成長期の社会に見られた一方的で強硬な共同体ではありません。むしろ自分たちで積極的かつ自由に関わっていける柔軟な共同体です。若者たちが制度的な共同体への「埋め込み」を希求しはじめたとき、かつての鬱陶しい人間関係を擁した地域社会はすでに衰え、その独自の規範や文化も衰退していました。しかしそれゆえに、彼らが理想とする共同体を築き、生きる意味も求めていきやすいフロンティアとしての環境が、皮肉にもそこには存在していたといえます。彼らが求めているのは、かけがえのない自分の係留点としての地元であって、かつてのように抑圧的な人間関係がそこに復活しているわけではないのです。

このような感性は、第1章で触れた映画『ALWAYS』の大ヒットにも見てとることができます。そこでは「古き良き時代の懐しさ」が映画のコンセプトだったと述べたように、現代の観客たちは、昭和のレトロな画面のなかに、かつての安定した理想的な共同体を見出そうとしていたのでしょう。しかし、それはけっして現実の昭和の姿ではありません。当時、まだ一般的に見られた生活上の様々な困難や、現実の人間関係の鬱陶しさをすべて捨象してしまった上で、あくまでスクリーンのなかに構築された虚構の世界としての、いわば理想化された昭和時代の姿でした。

その点では、『ALWAYS』に四年も先立つ二〇〇一年に公開されたアニメ映画『クレヨンしんちゃん　嵐を呼ぶモーレツ！オトナ帝国の逆襲』のほうが、その荒唐無稽なストーリーに反して、じつははるかにリアルな作品だったといえます。そこには、理想化された昭和時代を求める感性がストレートに描き込まれていたからです。「あらゆる思い出と出会える場」が謳い文句の「二〇世紀博」と称する昭和テーマパークへ惹き込まれていったオトナたちの姿は、生きる意味を渇望する今日の感性をものの見事に切り取ったものでした。

近代化にともなって人間関係の「脱埋め込み」が進行すると指摘したのは、第2章で述べたようにA・ギデンズでした。しかし彼は、その人間関係の不安定さを耐えがたく感じる人びとが、やがて親密な関係への「再埋め込み」を求めるようになっていく可能性についても言及しています。社会学者の柴田悠は、そこから示唆を受けて、各国の近代化の程度と人間関係の親密度について統計的な解析を行なっています(二〇一〇)。そこで得られた知見によれば、近代化の低い段階では、人びとの人間関係は「脱埋め込み」へと向かう傾向がはっきり表われますが、近代化の高い段階では、そのような傾向が次第に薄れ、「再埋め込み」の重要度が次第に高まっていきます。すなわち、共同体への包摂を求める感性をそこに見てとることができるのです。

第1章でも触れたNHK放送文化研究所の「『日本人の意識』調査」によれば、日本人の価値観は一九八〇年代から急激に変化してきました。様々な調査項目を総合的に解析し、「林の数量化三類」という統計手法を使って共通の因子を探っていくと、「伝統志向」から「伝統離脱」へという変化の軸が浮かび上がってきます。ところが二〇〇三年を境に、**図3-2**が示すようにその方向が逆転します。これまで伝統的価値からの解放を目指してきた日本人は、高原期に入ると再び伝統的価値へ埋め戻されることを望むようになってきたのです。しかもこの傾向を世代別に

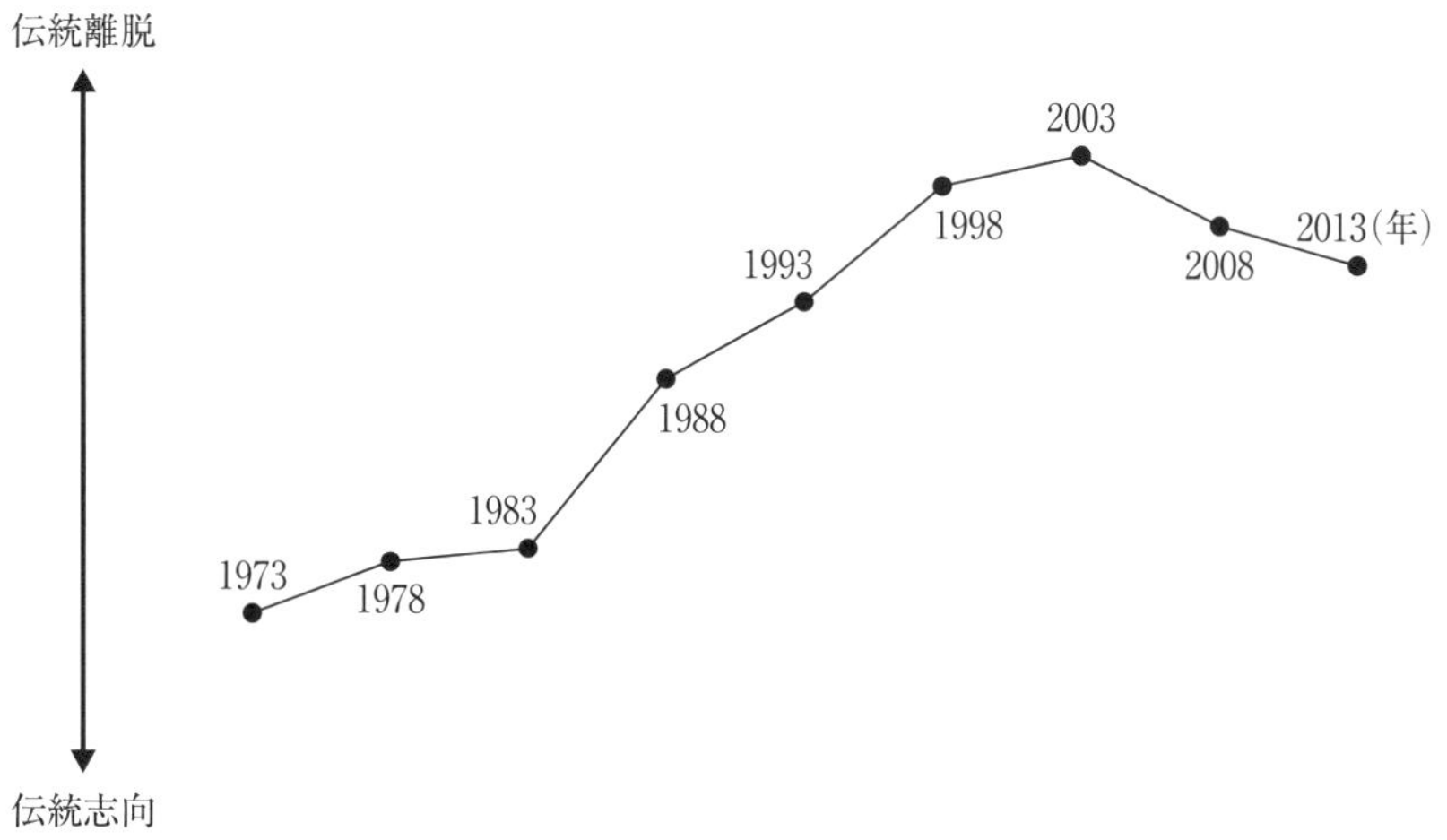

図 3-2　日本人の意識の変化
(NHK 放送文化研究所「「日本人の意識」調査」から作成)

比較してみると、それはとくに若い世代で顕著に見られる現象なのです。

ここから分かるのは、伝統離脱が相当な程度まで進み、それにともなって生きる意味の空白化も進んできたからこそ、その反動として伝統回帰が始まり、したがって共同体への憧憬も強まっているという事実です。かけがえのない自分は誕生したものの、高原化によってその根拠を問わなければならなくなり、それにともなって存在論的不安が高じてきたために、それを解消してくれる「再埋め込み」の対象として、いま見てきたような地元つながりが強く希求されるようになっているのです。

生得的な関係という基盤

若者であれば、かけがえのない居場所としての親密な人間関係は、まずは交友関係に求められるものでしょう。さらに今日では、それが地元つながりという色彩も帯びてきています。もちろん、インターネットで知りあった友だちもいますが、たとえば幼馴染みのように地元に根差した交友関係のほうが、居場所としては中心的な基盤となることが多くなっています。連続TVアニメ番組として人気を博し、その後に映画化もされた『あの日見た花の名前を僕達はまだ知らない。』は、埼玉県の秩父市を舞台とした作品ですが、幼少期の仲間が青年期を迎えて再会し、お互いの関係を再確認してさらに深めあっていくという物語です。ここでも、生まれながらの地縁に根差した交友関係に、存在論的不安の解消が求められています。

また、同じくアニメ映画として大ヒットした『サマーウォーズ』は、第2章で触れた『時をかける少女』のアニメ版を制作した細田守監督によるものですが、こちらは地方の旧家の巨大な親族共同体を舞台とした物語です。この映画でも、地縁共同体の場合と同じく、かつて鬱陶しくて息苦しいと忌避されていた血縁共同体が、逆に刺激と魅惑にあふれたフロンティアとして扱われています。主人公の青年は、その濃密な人間関係のなかで自分の生きる意味を見つけていくのです。そこでは、生まれながらの血縁に根差した関係もまた、存在論的不安の解消に役立てられていくさまが描かれています。

先ほど、内閣府による調査の結果を引いて、地域社会に愛着を抱く若者が今世紀に入って増加していると指摘しましたが、同調査によると、家族といるときに充実感を覚えるという若者も同様で、やはり今世紀に入ってから急激に増えています。また、博報堂生活総合研究所が小学校四年から中学校二年までを対象に一九九〇年代から実施している「子ども調査」でも、家族と一緒にいると「ほっとする」という回答が二〇〇〇年代から急増しています。家の中で一番いる場所も、自室が激減して居間が急増しています。思春期の只中であるにもかかわらず、自分の世界を確保することよりも、家族と一緒にいることを優先するようになっているのです。

このような傾向の背景には、地縁も血縁もその拘束力を低下させてきたために、そこに不満や反発を覚える若者が減ってきたという事情もあるでしょう。しかしそれ以上に、高原期の存在論的不安を解消するために、そういった安定感のある枠組みに保障された人間関係をむしろ積極的に希求するようになってきたという面のほうが、おそらく占める比重は大きいと考えられます。地縁や血縁の拘束力が緩みはじめたのは、「『日本人の意識』調査」が示すように伝統離脱の傾向が強まった一九八〇年代からですが、地縁共同体や血縁共同体への「再埋め込み」がはっきりと見られるようになったのは、それに二〇年ほど遅れて日本が高原期に移行した二〇〇〇年代に入ってからだからです。

このような事実から浮かび上がってくるのは、生得的な属性を共有する関係へのこだわりという現在の若者たちの心性です。地縁にせよ、血縁にせよ、その人間関係は生まれもったもので、自らが自由に選択したものではありません。もちろん地縁は転居によって選ぶこともできますし、大川村の例のように移住者が地域社会を支えているケースもあります。しかし、いま一般に増えているのは生まれ育った場所に留まる若者たちです。幼馴染みのような関係は、組み換えの不自由な関係であるがゆえに固定的なものであり、したがって安定した居場所と感じられます。さらに生まれる場所や境遇は自分では選べませんから、それは生得的なものとも感じられます。地縁にせよ、血縁にせよ、生まれつきの人間関係が自分の生き方を導いてくれ、それゆえに自由選択にともなう存在論的不安からも逃れられるかのように感じられているのです。

民族への関心の高まり

ここで、生得的な関係へのこだわりという視点を民族にまで広げて考えてみたいと思います。民族とは、生まれながらの血縁と地縁が結合した共同体の最たるものといえるからです。実際にそうであるかについては異論も多々あります。現実には、歴史的な運命を共有することで育まれた文化的特徴を基盤として、主観的な帰属意識に支えられた集団と考えるべきでしょう。しかし、少なくとも民族という概念は、人種的かつ地域的に起源が同一であるという想定の上に成り立っていると考えても差し支えないと思われます。

近年は、グローバリズムの広がりに対する反動として、多くの国々で民族主義の復活という現象が見られるようになりました。日本では、欧米と比較すれば移民問題もそれほど深刻化していませんし、国家間の紛争もさほど激化していません。そのため、民族主義はまだ切羽詰った問題とはなっていませんし、あまり過激な行動も見られません。しかし、それでもその兆しが見受けられるようになっているとしたら、そして地縁と血縁の拡大共同体として民族という概念が成り立っているとしたら、その近年の動きには、高原期の存在論的不安に根差した面もあると考えられるのではないでしょうか。

「この身体に流れゆくは　気高きこの御国の御霊／さぁいざゆかん　日出づる国の　御名の下

に」。これは、ＲＡＤＷＩＭＰＳ《ラッドウィンプス》が二〇一八年にリリースした「ＨＩＮＯＭＡＲＵ」の一節です。その復古調の歌詞が軍歌を想起させると賛否両論を呼び起こしました。ＲＡＤＷＩＭＰＳは若者に人気のロックバンドですが、ご存じない方は、大ヒットした新海誠のアニメ映画『君の名は。』で、主題曲となった「前前前世」を歌ったバンドといえば思い当たるでしょう。

この曲は、サッカーＷ杯がＴＶ放送された際のテーマ曲とカップリングで発売されたものです。いわゆる愛国ソングの一つに位置づけられることから、右傾化の文脈で語られる向きもありますが、詞を書いたボーカル担当の野田洋次郎の思い入れや、賛否を問わずそれに触発された多くの若者の反応から推察すると、同じく愛国ソングといわれる椎名林檎の「ＮＩＰＰＯＮ」や、ゆずの「ガイコクジンノトモダチ」などとともに、むしろこれまで見てきたような伝統的共同体に対する憧憬の一つと捉えたほうがよいように思います。では、そのかけがえのない居場所への憧れが、なぜ「気高きこの御国」と結びつくことになるのでしょうか。

野田は、幼少期の数年間をアメリカ合衆国で過ごしていますが、異国生活における「居場所のなさ」感から、日本に対する憧れを強く抱いていたと語っています。しかし、いざ日本に帰国して生活を始めてみると、それは彼の抱いていた日本のイメージとはかけ離れたものでした。「ここにも自分の居場所はない……」。その喪失感の強さが、失われた良き日本の伝統を彼に追い求めさせていったように思われます。またその世界観は、彼らが主題曲を担当した映画『君の名は。』に描かれた美しい日本の光景とも重なっています。

『君の名は。』に描かれた街並みや風景は、いずれもリアルで美しいものです。しかし、リアル以上にリアリティを放つその映像の美しさは、いわば観念的に純粋培養されたリアルであって、じつは幻影にすぎません。この映画が大ヒットしたのも、その神話的な物語と同時に、この美しすぎる原風景のような映像が、現在の日本に「居場所のなさ」感を抱く多くの人たちの心の琴線に触れたからではないでしょうか。

もともとロックとは自由と解放を求める音楽でした。しかし、人間関係においても、生きる意味においても、安定感のある基盤を確保することのほうが切実な課題となっている昨今の若者にとって、ロックもまたその確認のための音楽という色彩を帯びてきているようです。その変化はヒップホップ系の音楽にも見られ、田我流《でんがりゅう》の「やべ〜勢いですげー盛り上がる」や、鬼の「小名浜」といった地元の若者を題材にしてヒットしたラップの歌詞にもよく表われています。いずれも伝統的な小集団へのこだわりと、その人間関係における濃密さを詠っているのです。

そして、その生まれながらの血縁と地縁が結合した共同体の最たるものこそ民族です。かけがえのない居場所への憧れが「気高きこの御国」と結びつく理由はここにあります。日本に住んでいれば、ただ普通の日本人であるだけで多数派ですし、それは自分で選んだものでもないために、かえって自分の絶対的な拠り所と感じられます。しかし、日本民族の一人という属性だけで肯定され、存在論的安心の欠落を埋めるためには、この日本が限りなく美しく永遠の存在でなければなりません。でなければ、それは絶対的な拠り所として高い価値をもちえないからです。このように考えると、今日の民族主義の高まりの背景には、存在論的不安に悩める人びとの自己承認欲求への渇望感があるといえることに気づきます。

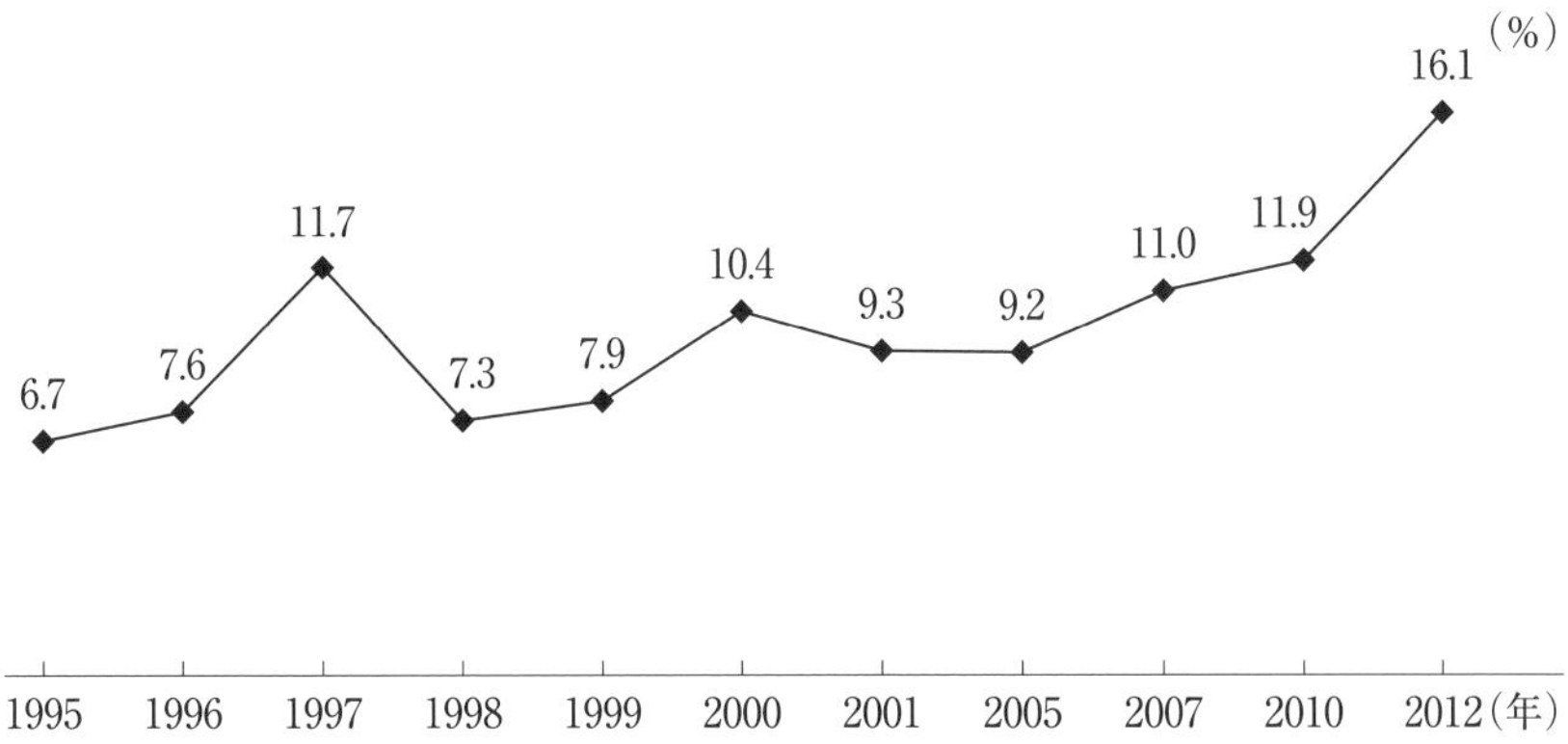

図 3-3　大学生が信仰を持つ割合

(國學院大學日本文化研究所・「宗教と社会」学会　意識調査プロジェクト「学生意識調査」から井上順孝「宗教の境界線」國學院大學研究開発推進機構日本文化研究所年報(6)：2013.9 より)

再魔術化する若者たち

民族は、血縁と地縁が結合した拡大共同体とみなされると同時に、その文化的起源において共通の神話を背負っている場合がほとんどです。「HINOMARU」の歌詞にも、「この御国の御霊」という表現があります。「古《いにしえ》よりはためく旗に」や「幾々千代に　さぁ咲き誇れ」といった言葉も同時に使われていることから推察すると、それは私たち個々の先祖たちの御霊の集積にとどまらず、それらが永久に眠る場所としての御国自体の御霊をも意味していると考えられるでしょう。この御国の気高さは、現在の私たちの努力の産物などではなく、いにしえの神話の崇高さに由来するものとして捉えられているのです。

そうしてみると、現在の若者たちの「再埋め込み」への心性が見られるのは、地縁や血縁、あるいは民族といった生得的な関係だけではないこと

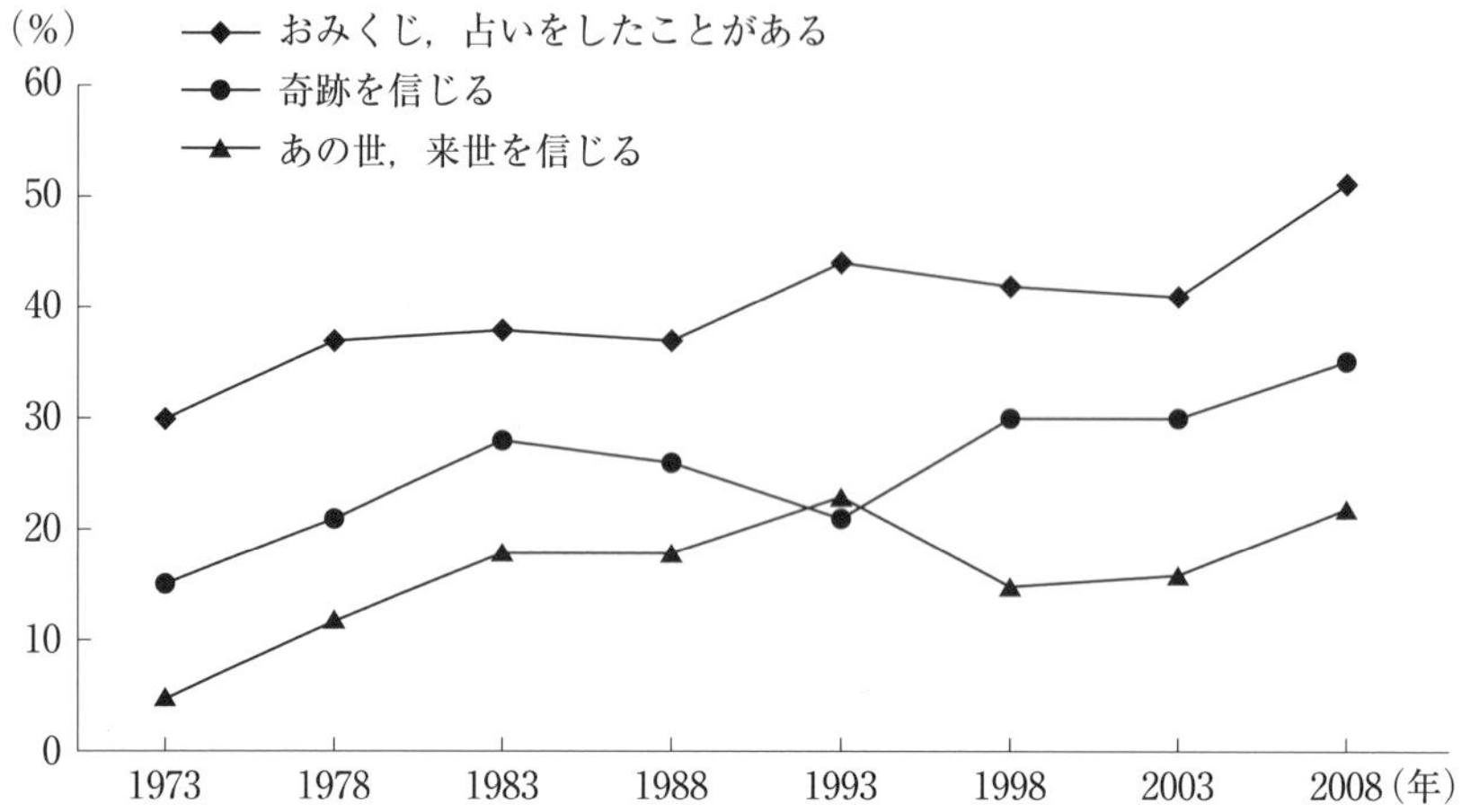

図 3-4　若者のスピリチュアリティの変化(20 代)

(NHK 放送文化研究所『現代日本人の意識構造[第 7 版]』NHK 出版，2010 年)

に気づきます。伝統的な価値観への回帰という現象のなかには、近代化の過程で非合理的なものとして切り捨てられてきた神話的な世界への憧憬も含まれているのです。先ほど触れたアニメ映画『君の名は。』をご覧になられた方は、そこに登場する地元の神社の伝統儀式や巫女の所作など、物語のそこかしこに神話的な情景が描き込まれていたことをご記憶でしょう。

これまで近代とは、世俗化(脱魔術化)が進行する時代でした。しかし、昨今の若者に見られるようになっているのは、それとはまったく反対の心性です。大学生が信仰を持つ割合を示した**図 3-3**をご覧ください。今世紀に入ってから上昇傾向にあることが分かります。ただし、それは伝統教団に入る者が増えたからではありません。あの世や来世を信じる若者や、奇跡を信じる若者等の推移を示した**図 3-4**から推察できるように、いわゆるスピリチュアリティが

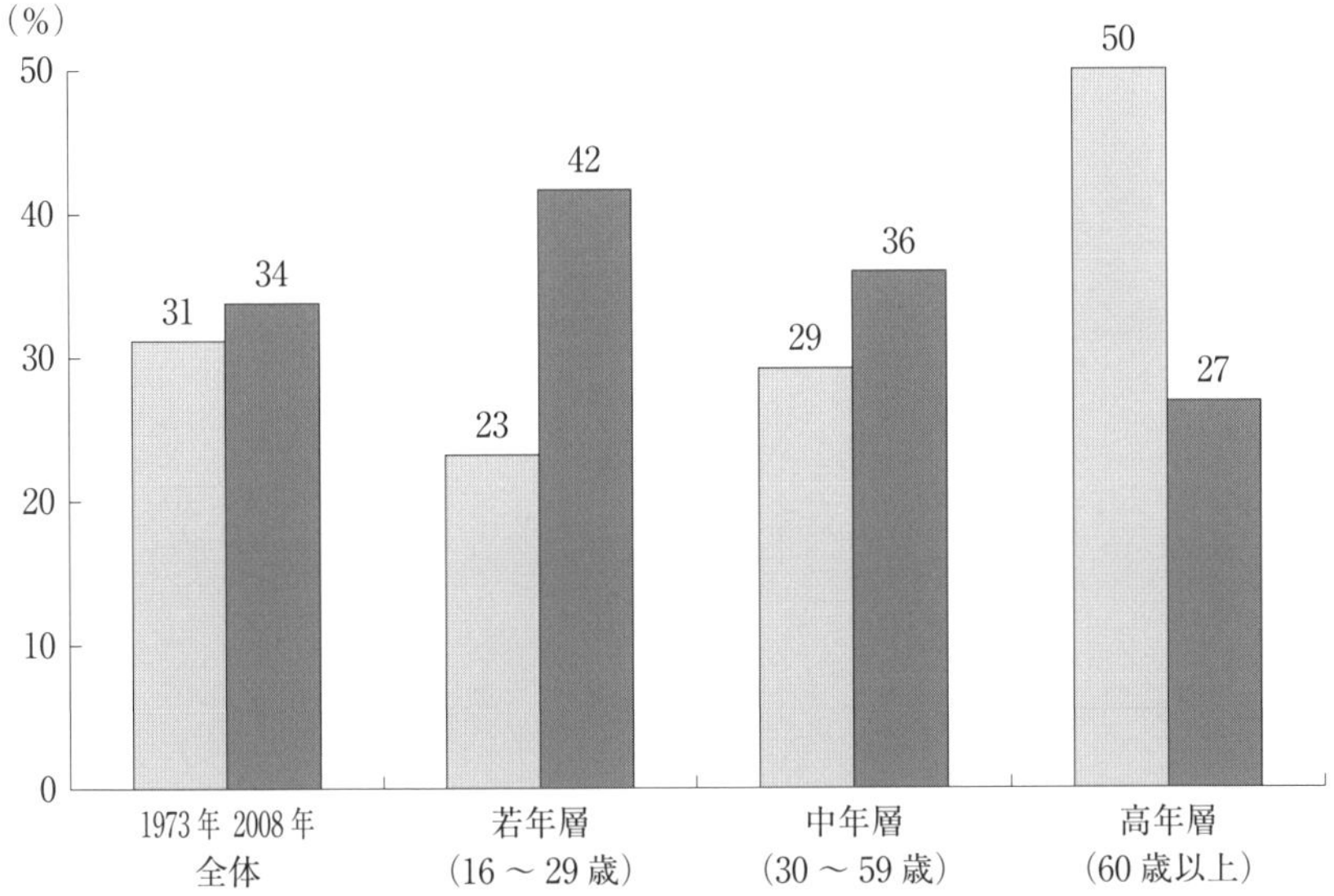

図3-5　お守りやお札を身のまわりにおいて信じる
(NHK放送文化研究所「「日本人の意識」調査」)

流行しているからです。社会の近代化とともに歩んできた現在の伝統教団には、その教義の面でもそれなりに合理化せざるをえない部分がありました。しかし、いま流行しているスピリチュアリティには、むしろ非合理的なものをこそ重視する傾向があります。

こういったものは、成長期の社会を生きた若者には迷信として蔑まれていたものです。かつては「信心深いのはお年寄り」といわれていた所以です。それとは対照的に、若者とは合理化された人たちのことでした。ところが、**図3-5**から分かるように、現在ではその傾向が完全に逆転しています。現在の高齢層はかつて若かりし頃に身につけた合理的精神をいまだに保ちつづけていますが、若年層では反対に非合理的精神が復活しているのです。いまや「信心深いのは若者たち」とでもいうべき状況になっています。では、再魔術化と呼ばれるこの現象は、存在論的不安の解消とどのように結びついているのでしょうか。

民族創生の神話とは、現在と近接した過去の出来事として語られるものではなく、現在と隔絶した太古の出来事として語られるものです。現在と近接した過去の出来事であれば、たとえば現在の謝罪行為によって過去の行為の過ちの意味を変えることができるように、私たちの努力によって部分的な変更がまだ可能です。しかし、現在と隔絶した太古の出来事に対しては、私たちの力はいっさい及びません。だからこそ、それは現在の私たちに対して絶対的な規定力をもっています。自分たちの意思ではけっして変えることのできないものだからこそ、それは誰しもが疑いえない民族の絶対的基盤となるのです。ここに存在論的不安が忍び込む隙間は微塵もありません。

現在に安定した意味を与えるためには、現状を見降ろして規定する超越的な視点が必要です。現在の意味を現在の視点で規定したのでは、それは状況次第で容易に覆されてしまいかねません。成長期の社会においてその超越的な視点の役割を担っていたのは、第2章で眺めたように来るべき輝かしい未来でした。現在はつねに未来のための手段でしたから、未来との関係においてのみ現在は意味づけられていました。換言すれば、現在とは異なった次元に意味のありかが措定されることで、その内実はずっと問われずにすんでいたのです。

いまひたすら努力していれば、将来はきっと幸せになれるだろうという発想は、ドイツの社会学者、マックス・ヴェーバーが、かつて「苦難の神義論」と呼んだ宗教倫理に近いものです(二〇一七)。それは、現世の苦難は神が自分たちに与えた試練なのであって、この苦難があるからこそ来世では必ず報いられるはずだと考える世界観です。バビロン捕囚以降、圧倒的な苦難の歴史を背負ったユダヤ民族を支えたユダヤ教を筆頭に、そこに源を発するキリスト教でも、またイスラム教でも、すべてこの「苦難の神義論」が基本的な世界観となってきました。

「富んだ者が神の国に入るのは、ラクダが針の穴を通るよりも難しい」とはイエスが語ったとされる有名な言葉ですが、ルカ伝福音書にも「貧しい人たちは幸いである、神の国はあなたがたのものである」との一節があり、またマタイ伝福音書にも「義のために迫害されてきた人たちは幸いである、天国は彼らのものである」との一節があります。このように、長期にわたる苦難に耐えるためにその苦難の意味を転換させ、苦難それ自体を聖化しようとするものが「苦難の神義論」の宗教倫理でした。

またヴェーバーは、近代資本主義へと結実する合理主義精神の源流をキリスト教カルヴァン派の宗教倫理に求めています(二〇一〇)。ひたすら前進しつづけることを善とみなす進歩主義的な規範の背後に、この「苦難の神義論」が潜んでいるとすれば、成長期の社会にとって、いかに未来が重要な位置にあったかが分かるでしょう。それは、いうまでもなく神学的世界における「神の国」に該当するものだったからです。キリスト教のなかでもとりわけカルヴァン派は、その教義において決定論的な色彩が強かったため、当時の信者たちは神と取り引きをして天国に入れてもらおうなどとは考えもせず、逆に自分は天国に入ることに宿命づけられているとの確証を得るためにこそ、天命である勤労にひたすら励むことになった。それが、資本主義の誕生についてのヴェーバーの解釈です。

この「苦難の神義論」は、成長期を生きた日本人にとっても馴染みの深いものです。たとえば、その只中にあった時代に、男の子向けの『巨人の星』や女の子向けの『アタックNo.1』など、いわゆるスポーツ根性もののTV番組が大人気を博したのも、それらがまさしく「苦難の神義論」で成り立っていたからです。そこで長く辛く苦しい特訓のさまが延々と描かれたのは、その末に栄光の星やNo.1の座を摑みとる瞬間を「神の国」のように際立たせるためでした。したがって、その座を摑みとった後の生活はいっさい描かれませんでした。それが描かれてしまうと、栄光の星もNo.1の座も異次元の終着点として棚上げされなくなり、同次元の通過点へと貶められてしまうからです。だから『巨人の星』の主人公、星飛雄馬は、最後の勝利の直後に廃人同様の体にならなければならなかったのです。

これらの物語が示唆していたように、成長期の社会における未来とは、現在とは隔絶された触れることのできない超越的な位置にありました。だからその内実は、けっして問われることなくすんできたのです。ちなみに、未来が苦難に満ちているからこそ現在を幸福と位置づけなければならないという第2章で触れた大澤真幸の解釈は、この「苦難の神義論」の理屈を反転させたものといえます。したがって、それは成長期の社会では通用する理屈かもしれませんが、高原期の社会では通用しないのです。現在と未来の間に隔絶した落差がなくなっているからです。

このように、高原期に入って、未来が現在と地続きのものにすぎなくなると、それは超越性を失って私たちが触れることのできる世界になってしまいます。その結果、私たちはその内実を問題とせずにはいられなくなり、先延ばしにしていた意味がじつは空白だったということに気づか

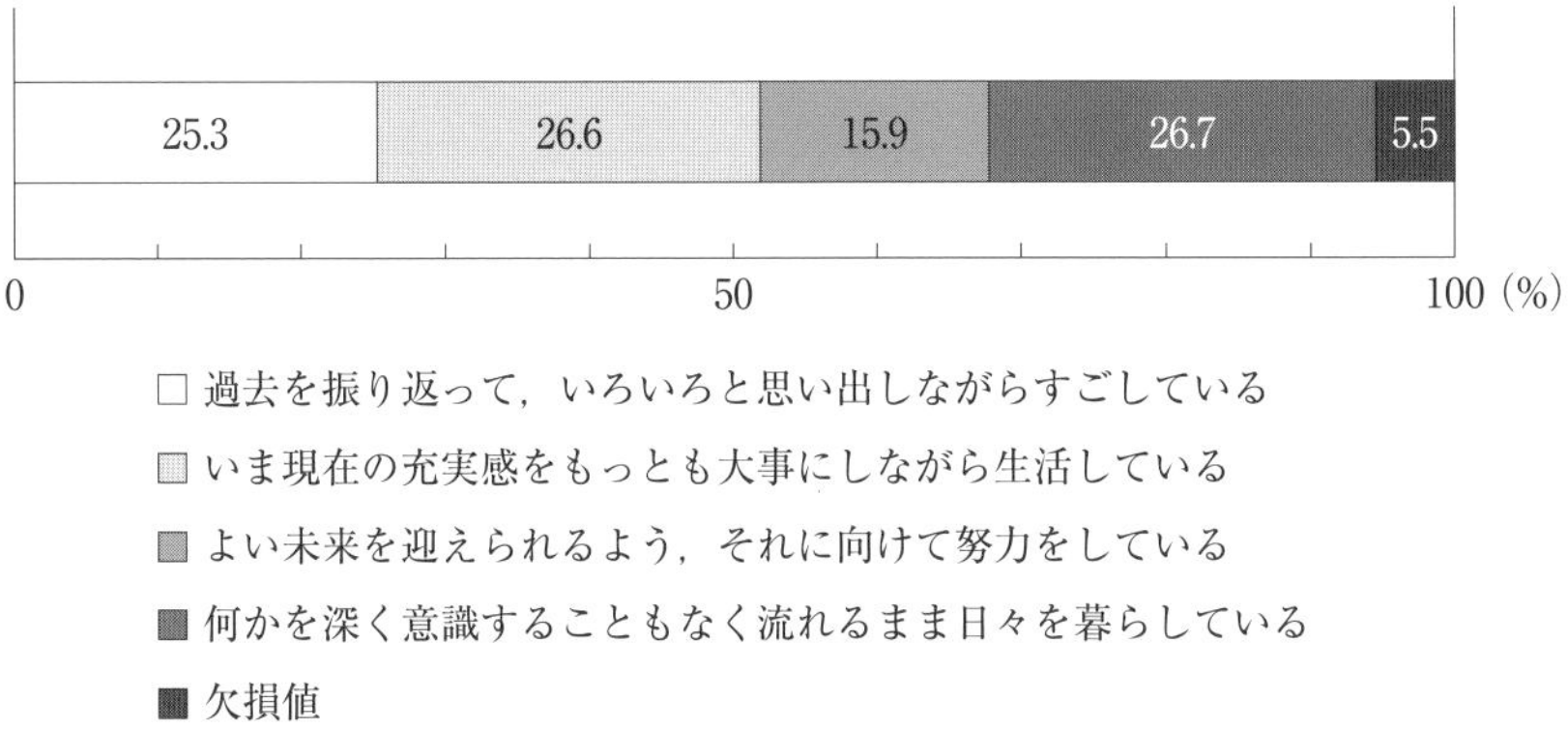

図 3-6　大学生の普段の生活態度

(浅野智彦「大学生の生活と意識(4)」日本社会学会第 84 回大会配布資料)

されます。このとき、高原地帯を歩む人びとは、未来に代わって現在を超越してくれる特異地点を改めて探し出そうと躍起になります。その結果、今度はそれを過去に求めるようになるのです。こうして今日では、現在の意味は過去との関係において意味づけられるようになったのです。

立脚点としての「宿命」

浅野智彦らの研究グループが二〇一〇年に実施した大学生の意識調査によると、「未来の自分」よりも「過去の自分」に拠り所を求めようとする若者のほうが多くなっています。**図 3-6** が示すように、これから先の自分の姿を思い描きながら現在を生きるのではなく、すでに過ぎ去った自分の姿を振り返りながら現在を生きている様子がうかがえるのです。現在の生き方を規定するのは未来ではなく過去です。彼らは、あえていうなら未来志向ではなく過去志向なのです。しかし、このような過去は、先ほど指摘したように部分的な修正がまだ可能で不確定なものです。現在からの遡及的な営みによって干渉を受ける余地が残っているとすれば、それは不安を解消してくれる絶対的な基盤とはなりえません。

さらにいえば、日本が高原地帯に入ってすでに二〇年が経過しているため、現在の若年層にとっては、十数年といった時間幅の過去はすでに現在と平坦な地続きとなっています。たとえば、アニメ映画『君の名は。』では、二人の主人公がそれぞれ現在と過去を同時並行で生きており、両者のコミュニケーションが時代を超えてしばしば混信してしまいます。ひいては身体も入れ替わってしまいます。ここからも推察されるように、現在の高原人にとっては、未来が異次元の世界ではないのと同様に、平成時代以降の過去もまた異次元の世界とは感じられなくなっているのです。

それに対して、成長期の社会においては、たとえ十数年ほどの歳月であっても、その前と後ではまったく異なった次元の世界であるかのように感じられていました。その間に社会の様相は大きく変貌していたからです。かつては親子の間に大きな世代間ギャップが存在し、それが子どもの反抗期の契機にもなっていたのは、このような時代背景があったからです。ところが現在では、その親子関係は大きく変貌し、思春期からは反抗期もほぼ消え去りました。いわゆる友だち親子が増えてきたのは、すでに社会が高原地帯に入っているからなのです。

このような点だけからいえば、現在の生きる意味を確定してくれるような超越的な過去は、『ALWAYS』や『クレヨンしんちゃん』に描かれていた昭和の時代でもよく、だからこれらの映画も大ヒットしたといえます。しかし、それでも現在と隔絶した過去とみなすにはやや無理があります。たとえば日中戦争時の事実解釈をめぐる論争もいまだに続いており、これからの修正もまだ可能で不確定な時代です。かくいう私自身も昭和の生まれですから、それはまだ死者の世界となっていません。むしろ第2章で眺めたように、この世代は当時の時代精神をいまだに引きずっているがゆえに、現在の相対的剝奪感も強いのです。昭和はまだ生者の世界といえます。

だとしたら、ここでより確実なのは、さらに太古や前世といった大過去の世界へ一挙に遡っていくことでしょう。昨今は縄文ブームといわれ、とりわけ若年層の関心が高いのも、このような背景と無関係ではないと思われます。この時代には文献もなく未解明な部分もいまだ多いため、歴史解釈をめぐる論争の外部に置かれ、日本史のなかでもかえって超越的な地位を得やすいといえます。またその文化には、今日とはまったく異なった非合理的精神も認められるため、時間的な距離以上の隔絶感があります。それこそスピリチュアルな時代なのです。社会学者の吉野耕作は、文化ナショナリズムの重要な要素の一部に原初主義と境界主義があると指摘していますが、縄文は太古の時代であるがゆえに原初主義の要件を満たし、独自の文化であるがゆえに境界主義の要件も満たしています(一九九七)。それが日本民族のルーツ、いわばゼロ地点として人びとを惹きつけてやまない所以でしょう。

先の「HINOMARU」には、「受け継がれし歴史を手に　恐れるものがあるだろうか」といった一節があります。これをいまの文化ナショナリズムの観点から捉えるなら、先ほどと同じくヴェーバーの概念を借りて、彼が「幸福の神義論」と呼んだ宗教倫理に重ねて理解することもできます(二〇一七)。それは、現世の幸福は神が自分たちに与えた祝福であり、徳を積んで祝福

される べき前世を背負った高貴な出自であることの証であると考える宗教観です。輪廻転生の世界観がこれに近いかもしれません。このように、現世の幸福の根拠を前世に求めて正当化するものが「幸福の神義論」だとしたら、日本民族とは崇高なるもので、自分もその高貴な血を引いている一人なのだから、自分は生きるに値する人間であって当然だという発想は、まさにこの宗教倫理の相似形といえます。

このような視点から現在の再魔術化の傾向を眺めてみると、物語のスケールがまるで違うとはいえ、そこには民族創生の神話と同様の感性が見られることに気づきます。現在のスピリチュアリティは、自らの前世やオーラといったものを重視します。それらが自分のスピリチュアルなルーツであり、根源的な基盤として現在の人生を規定していると考えるからです。ここには、自分の努力では変更不可能なものによって人生が決まっているという発想が見られます。類似したパワースポット巡りも、自らの霊性という根源的で不変なものを感じさせてくれる場所を求める行為だとすれば、まったく同じ感性にもとづいたものといえるでしょう。

そうしてみると、現在の魔術とは、いずれも自らの生の根拠探しをするものであり、それゆえに宿命の確認を手助けする術として位置づけられているといえます。宿命とは、生まれながらにして定められた変更不可能な運命のことです。そこで想定される生得的条件は様々ですが、自分の意思ではどうにもならない要因によって人生が規定されているとみなされている点はすべて同じです。創生神話が民族の宿命を規定するものだとすれば、前世やオーラは個人の宿命を規定するものです。すなわち、いま再生しつつある魔術とは、自らの運命を変えるための手段などではなく、むしろその宿命を知るための手段なのです。

このように説明してくると、たしかに信心深い若者は増えているのかもしれないが、それでも世代人口の全体からすればごく一部の現象にすぎないのではないかと思われるかもしれません。しかし、そんな非科学的なものに疑念を覚える人たちも、じつは科学的な根拠に乏しいとされるポップ脳科学の虜となり、様々な「脳力」の発掘に取り組んでいるのが現状です。本来の脳科学では脳の可塑性についても研究されていますが、ポップ化された脳科学ではむしろ潜在的に眠っているはずの力を呼び醒まそうという発想に流れがちです。現在の自分を鍛錬することでさらに力を伸ばしていこうという発想ではないのです。

脳の機能の多くはまだじゅうぶんに解明されておらず、ブラックボックスの領域も大きいため、かえって現在の自分を規定する超越的な存在とみなされやすい状況にあります。たとえば、男女の行動や思考の違いのほとんどを脳の性差によって説明しようとするニューロセクシズムなどはその典型でしょう。この問題は、ＯＥＣＤが二〇〇七年に出した報告書でも取り上げられており、疑似科学による「神経神話」として批判されています。いわば脳が信仰の対象とされ、神話的世界や前世と同じような役割をはたしているのです。神やスピリチュアルが脳に置き代わっただけで、決定論的な世界観であることに違いはありません。

ここには、具体的な関心の持ち方は異なっているものの、スピリチュアルな若者たちと共通した心性がうかがえます。すなわち、自由意思で主体的に選択されたものとしてではなく、生まれもった資質に運命づけられたものとして、自分の人生を捉えようとする心性です。たとえば、自分は生まれつき才能に恵まれた人間だからこそ、現在の生活も充実して楽しいのだと考える人がいたとしたら、その発想はまさしく「幸福の神義論」でしょう。このように、現代の魔術も、またポップ脳科学も、ともに現在の自分を規定する超越的な存在を確認しようとする営みです。そこで目指されているのは、決定論的な世界の確立によって存在論的不安を減じることなのです。生きる意味を奪い去るものではなく、生きる意味を与え育むもの、それがいまの若者にとっての「宿命」なのです。

高原社会に広がる人間像

来世、すなわち未来からの視点で現在を意味づけようとする宗教倫理が「苦難の神義論」だとすれば、前世、すなわち過去からの視点で現在を意味づけようとする宗教倫理が「幸福の神義論」です。社会生活のなかで身につける地位や業績を正当化し、その獲得を目指して励む人びとをさらに煽り立てる役目をはたすものが前者であるのに対して、あらかじめ生まれもった地位や境遇を正当化し、その立場に置かれた人びとに安楽の境地を与えるものが後者です。前者は成長期の社会と、後者は高原期の社会と、それぞれ相性がよいことは容易に察しがつくでしょう。

振り返ってみれば、近代以前の社会では身分や門地などが人生に対して強い規定力をもっていました。そういった生得的な属性のくびきから人びとを解放し、自らが主体的に獲得した属性によって人生を選択できる世界にしようというのが、これまで私たちの目指してきた近代の姿でした。自由にせよ、平等にせよ、それを実現するための理念だったといえます。人間とは絶えず成長しつづけていく存在だという人生観は、まさに成長を続ける近代社会のなかで生まれ、育まれてきたものなのです。それ以前の人びとは、近代人とはまったく異なった人生観を抱いていました。たとえば、フランスの歴史家、フィリップ・アリエスの研究によれば、中世ヨーロッパ社会では、東から昇って西へ沈む星の運行と同じようなイメージで、人びとの一生も捉えられていたといいます(一九八〇)。なぜなら、彼らの生きていた日常それ自体が、あまり変動しない静的な世界だったからです。

その後、変動を繰り返しながら絶えざる進展を示すようになった近代化の営みは、伝統的なものの見方や考え方を次々と打破していきました。私たちの人間観もその例外ではなく、人間とは絶えず進展しつづけるものだという認識もそこに生まれました。近代に入って社会がダイナミックに動き出し、生存の境界が日々拡張されていくなかで、進歩主義的な人間像も誕生してきたのです。進歩主義的な志向をもった人びとが近代社会を創り上げてきたというよりも、近代社会のあり方が進歩主義的な志向をもった人びとを創り出してきたのです。発達心理学のような学問が近代の所産であるのもそのためです。

身近な例で考えてみても、私たちは昨日の暮らしよりも今日の暮らしのほうが良くなっていると思えなければ、そして今日の暮らしよりも明日の暮らしのほうがさらに良くなっていくだろうと思えなければ、おそらく自分が日々成長していると実感することは難しいでしょう。まさに成長期の前期近代は、日々の生活のなかでその成長を容易に実感できる時代だったのです。しかしその歴史段階を終え、高原期に入った後期近代では、そのような発達論的な人間観も現実味を失ってしまいます。今日のように時間感覚が平坦化した世界では、人間観もまた平坦化していかざるをえないのです。

だとすれば、今日の新たな宿命観も、成長期から高原期へと移行しつつある現在の社会状況をそのまま体現した心性の産物といえるでしょう。それは、近代科学の装いを一部にまとってはいるものの、超越的な過去によって規定された決定論的な世界観です。あたかも中世社会のように現在の日常が延々と続いていく世界が高原期の社会だとしたら、進歩主義的な近代規範とは対極の宿命論的な人間像が再び登場してきても不思議ではありません。では、本書の主題である格差と幸福の乖離に対して、このような人間像はどんな影響を及ぼしているのでしょうか。

日本の社会学者たちが共同で実施している「社会階層と社会移動全国調査」の一九九五年データと「階層と社会意識全国調査」の二〇一五年データを使って、社会学者の松谷満が二時点の比較をしてみたところ、「本人の社会的地位は、家庭の豊かさや親の社会的地位で決まっている」と考える若年層は、前者では約三一%であるのに対して、後者では約四六%へと大幅に増えています(二〇一九)。その各年の数値は、若年層だけではなく壮年層でもほぼ同じです。第1章で指摘した格差の固定化は、人びとの意識にストレートに影を落としていることが分かります。

いくら努力しても乗り越えがたい壁があるにもかかわらず、そして、その壁の存在を否応なく認識させられているにもかかわらず、現在の若者たちが高い幸福度を示しているとしたら、そこには第2章で検討した期待水準の低さとは別に、その壁の存在を上回るだけの効力で彼らの肯定的な自己像を支えるものがあるはずです。第1章で検討したように、自由化した人間関係でそれを説明することに限界があるのなら、生得的属性の確実性によってそれが支えられている可能性はないでしょうか。それらは、存在論的不安を減じる役目だけでなく、格差の壁を乗り越えて「幸福の神義論」を成立させる役目をはたしているのかもしれません。

しかし、このような解釈には難題もあります。そもそも「幸福の神義論」では、現在の自分は積極的に肯定される存在でなければなりません。不幸な境遇に生まれながら、苦学して努力を積み重ねた結果、事態が改善されて現在のすばらしき幸福がある。それだけの努力ができたのは、生まれつきそれだけの能力が自分に備わっていたからだ。現在の状態がそう思えるレベルであればよいのですが、それは現実の姿と大きくかけ離れています。貧困率が上昇し、格差も固定化するなかで、非常に厳しい境遇に置かれた若者が増えているのが現実の姿です。

普通に考えれば、絶対的に肯定されうる生得的属性を自分は備えているという確信と、そこから生ずる限りない自信は、自らの人生に対する期待水準を押し上げるはずでしょう。しかし、すでに見てきたように期待水準は下がっているのが現実だとしたら、そこにはさらに別の要因が作用している可能性があります。その影響によって、生得的属性もまたその様相を変えているのかもしれません。そこで次章では、この要因の可能性について具体的に検討していきたいと思います。

第4章　格差と幸福をつなぐ宿命論

生得的属性と期待水準

図4-1は、世界価値観調査における日本のデータから、自分の人生をどのくらい自由に動かせると思うかを一〇段階評価で尋ねた設問への回答の平均値を示したものです。ご覧いただくと、どの調査年においても若年層より高齢層の値が低いことがまず分かります。それは加齢による変化だからでしょう。しかし、どの年齢層においても、一九九〇年から上昇していた値が近年になって下降しているのは時代の変化といえます。さらに、三〇歳以上の人たちの値が下降するのは二〇一〇年ですが、三〇歳未満の人たちの値が下降するのは二〇〇五年からです。若年層のほうが時代の変化に敏感に反応している様子がうかがえます。

このグラフが示すように、人生は自由になると考える人は前世紀末まで増えていました。しかし、今世紀に入ってから減少しています。社会の流動性が落ち、組織や制度によって人生が再びきつく縛られるようになっているのであれば、この変化の理由もよく分かります。しかし現実は反対で、世界規模でのグローバル化の進展とともに、日本社会の流動性もますます高まっています。にもかかわらず、自由になる感覚が失われているのだとしたら、この変化の背景には何があるのでしょうか。前章で示したように、家庭の豊かさや親の社会的地位によって自分のそれも決

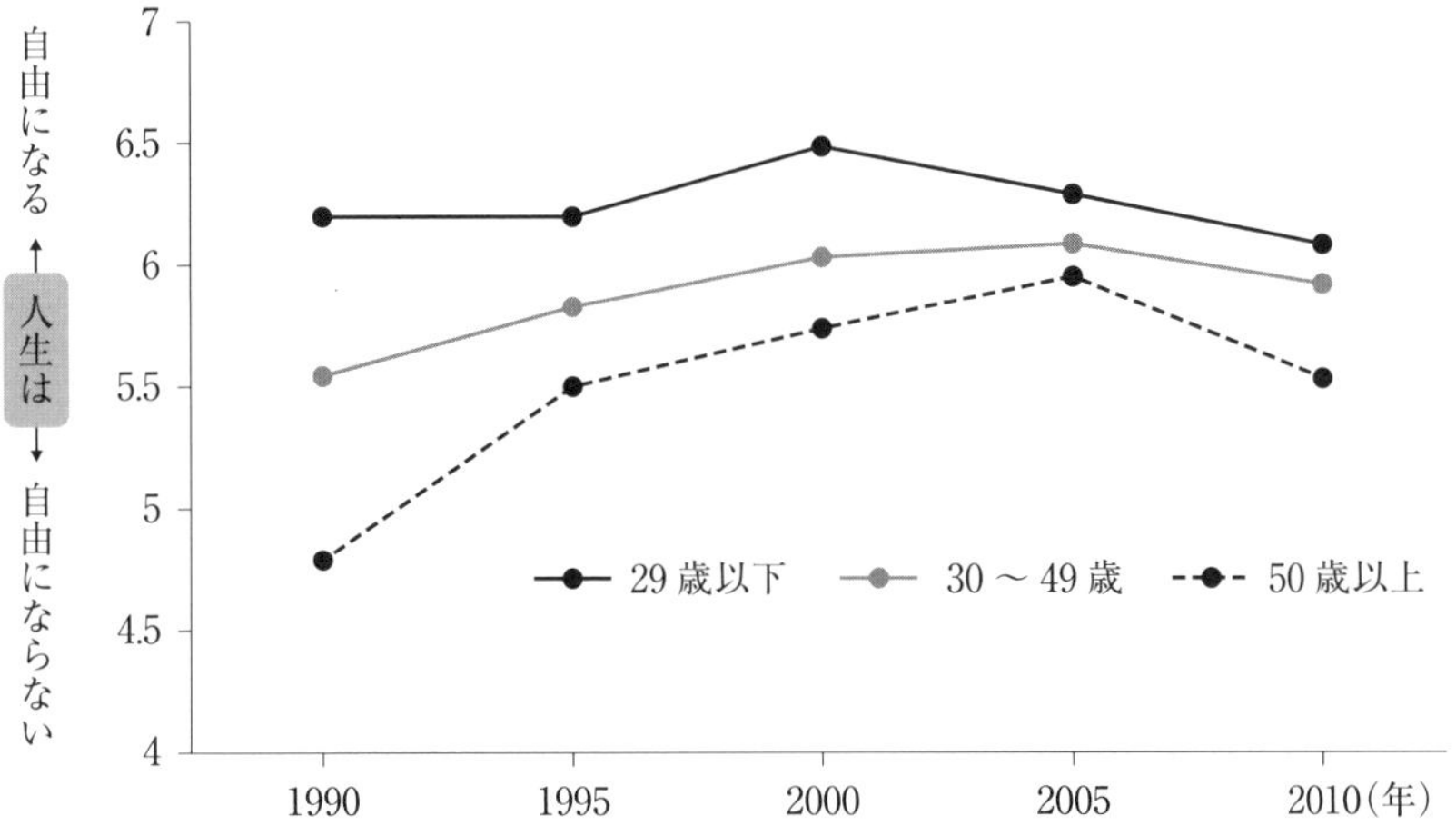

図 4-1　自分の人生をどの程度自由に動かすことができると思いますか．1 から 10 までの数字で当てはまるものを 1 つお答えください

(『世界価値観調査』の日本データ．グラフ作成は長谷部新．筑波大学 2018 年度卒業論文「不自由の国 日本」から転載)

まると考える人びとが増えていることから推察すると、生得的属性に根差した宿命論的人生観が大きな要因となっているのではないでしょうか。

当然、世の中には自分の家庭は豊かで親の地位も高いと思っている人もいるでしょう。右の傾向からすれば、そういう人たちは自分の収入や地位も高いと考えるはずです。一般的にいって、財力や地位に恵まれている人たちは、人生の自由度も高いと考えることが多いと思われます。だとすれば、人生は自由にならないと考える人が全体として増えているという事実は、自分の収入や地位が高いと考えている人が少数であることを示しています。もちろん厳密に考えれば、自分の収入や地位が自身の意向や努力とは無関係に決まるのであれば、たとえ収入や地位の高い人であっても、人生は自分の自由になるものではないと答えておかしくはありません。しかし、そのように答える人はごく少数でしょう。

このようなデータから判断すると、第3章で検討してきた宿命論的人生観は、現在の若者たちの人生に対する期待水準を押し上げているのではなく、逆に引き下げているといえそうです。もちろん、期待水準が高いにもかかわらず、人生は自由にならないと考える人たちがいる可能性もなくはありません。しかし、そういう人たちは現実に対して不満感を強めるはずですから、生活満足度が上昇しているという全体的な傾向と矛盾します。たとえそういう人たちがいたとしても、それはごく少数だと考えられるでしょう。

そこで本章では、今日の宿命論的人生観が人生に対する期待水準を引き下げている理由について検討していきたいと思います。まずはその手始めに、第1章で扱った人間関係の問題に立ち返ることから考察を始めることにしましょう。一般に私たちは、自分の生きる目標について考えをめぐらすときも、身の回りの人間関係のなかでそれを確認し、自己の存在意義を得ようとすることが多いからです。

これまでも何度か引用してきたNHK放送文化研究所の「『日本人の意識』調査」には、「充実した生活を送るために大切なもの」を尋ねた設問もあります。一九七三年と二〇〇八年の回答を比べた**図4-2**を見ると、大きく二つのことが分かります。まずどちらの調査時点でも、若年層は「付きあい」が大切という人が多く、中年層でいったんそれが減り、高年層で再び増える傾向にあること、また「経済力」はちょうどその逆のパターンを描いて変化することが分かります。

これは、時代とは関係のない変化なので加齢によるものでしょう。その理由については簡単に想像がつくと思います。

このグラフからもう一つ分かるのは、一九七三年の若年層では「付きあい」と考える人びとよりも「経済力」と考える人のほうが多く、それが全体の六割以上を占めていたのに対して、二〇〇八年の若年層では両者の優劣が反転しているということです。「付きあい」と考える人が全体の六割以上を占めるようになるまで増える一方、「経済力」と考える人は逆に減っているのです。

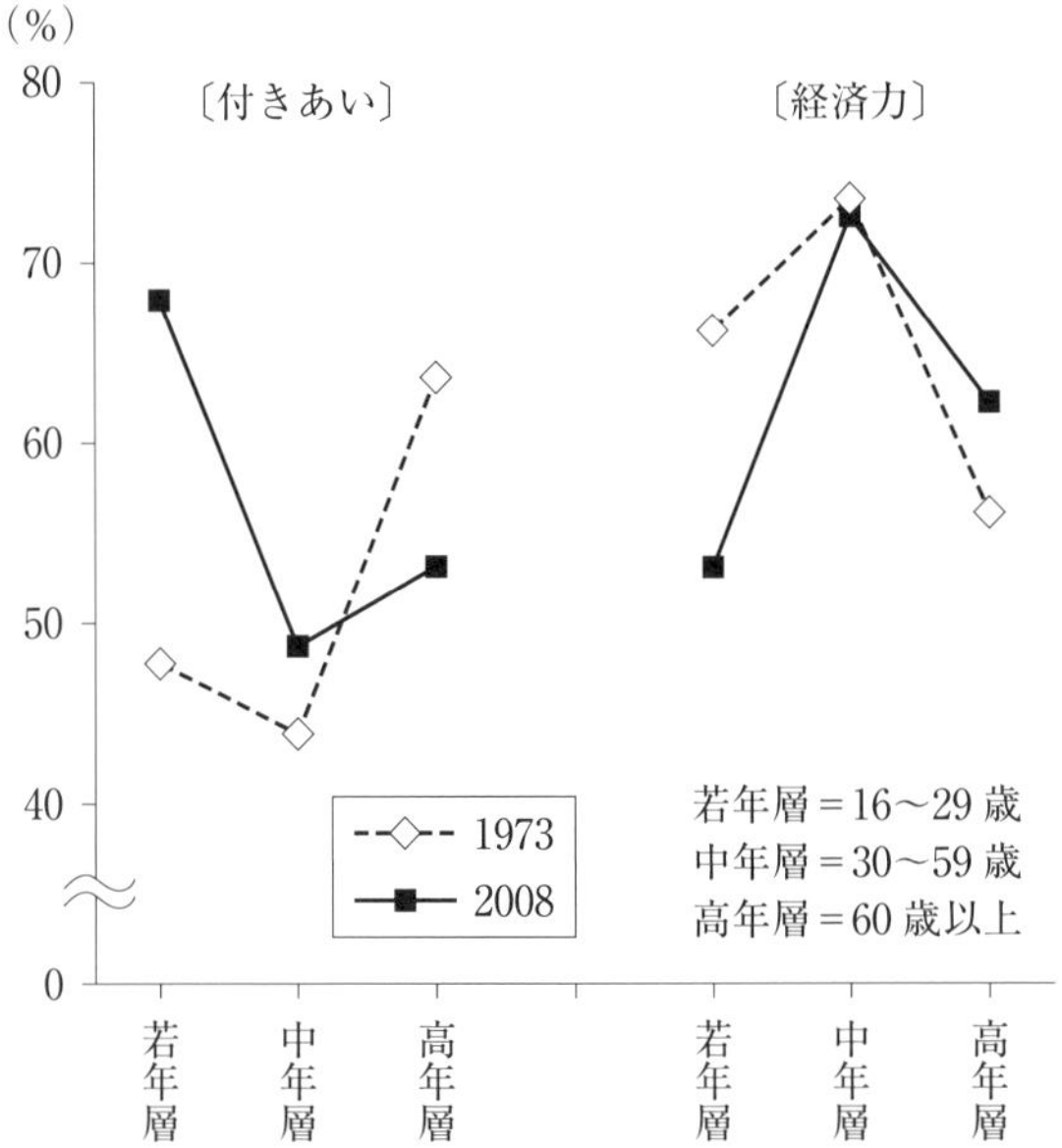

図 4-2　充実した生活を送るために大切なもの
(NHK 放送文化研究所『現代日本人の意識構造［第 7 版］』(NHK 出版，2010 年)から男女を統合して転載)

高年層について見ると、若年層の変化とはちょうど逆の傾向を示しています。両者の動きから判断すると、これは世代による効果と考えられます。

日本の成長期に若者だった人たちは、当時から人間関係より経済力が大切だと考え、高原期の現在もその心性をそれなりに保ちつづけています。他方、現在の若者たちは、経済力より人間関係を重視する傾向にあります。これまでの本書の説明から、その理由についても想像はつくでしょうが、この後の考察に続けるために、今日の若者たちが人間関係を重視するようになった背景について、ここで改めて整理しておきましょう。

人間関係の比重の高まり

ベネッセ教育総合研究所が小中高生を対象に実施した「学習基本調査　国際6都市調査(二〇〇七年)」と大学生を対象に実施した「第一回　大学生の学習・生活実態調査(二〇〇八年)」を見ると、「いい友だちがいると幸せになれる」という回答は、小学生から大学生まですべての年齢層で九割を超えています。また、社会学者の研究グループである青少年研究会が二〇一二年に実施した「都市在住の若者の行動と意識調査」では、現在の友だちの数が多い人ほど自己肯定感が増し、自分の将来は明るいと考える割合も多くなっています。現在の生活のためだけではなく、今後の人生を豊かなものにするためにも、友だちの役割が大きいと考えられている様子がうかがえます。

一般に、社会が豊かになって脱物質主義が進むと、人間関係の比重も増すといわれています。実際、日常生活において人間関係の重要さを示す調査データは、今日では枚挙にいとまがありません。若者たちがリア充(リアルな生活が充実している)と呼ぶ状態も、リッチで派手な生活などではなく、人間関係に恵まれた生活のことです。物質的な豊かさから精神的な豊かさへと人びとの関心が移動するにつれて、人間関係を重視せざるをえなくなっていくのは当然のことでしょう。

しかし、現在の日本を高原期と捉える視点から眺めると、人間関係の比重が高まっている理由はそれだけではないことに気づきます。

いまイギリスでは、欧州連合(EU)からの離脱をめぐって政治の迷走が止まりません。メイ政権の協定案を否決した議会は、しかし代替案を示せないままでいます。かつてイギリスで二大政党制が有効に機能しえたのは、貧富の差という単純明快な争点で対立軸が形成されていたからです。しかし現在では、社会のあり方をめぐって同じ政党内でも様々な主張が入り乱れ、同じ土俵に立って議論を戦わせることが難しくなりました。それとまったく同じ構図は、日常生活における個別の人間関係においても見られます。いや、むしろその現実こそが、今日の不安定な政治状況を招いているといってもよいでしょう。民意がまとまらないことの反映が議会の混乱でもあるからです。

同じことは日本についても当てはまります。現在の日本にも、社会が進むべき方向について成長期のようなコンセンサスがありません。それは、たとえば原子力発電所の存廃をめぐって意見が大きく対立していることからも容易に察しがつくでしょう。個々の人びとが日々の生活のなかで歩んでいくべき方向についても同じです。「今日よりも豊かな生活を」といった成長期のように明確な目標がないために、人びとはどちらへ向かって足を進めればよいのか分からなくなっています。第2章で述べたように、いまの日本に存在論的不安が広がっている理由もここにありました。さらに今日では、人びとの価値観が多様なものになっていることに加えて、時と場合によってそれが大きく揺れ動くようにもなっています。その傾向に拍車をかけているのもまた高原期の到来です。

こうして、人生の羅針盤の不在に直面した今日のナウシカたちは、その指針の代わりを周囲の人びとの意見や反応に求めざるをえなくなっています。不変不動の方向を示す羅針盤が自分の内部に存在しえなくなったので、その代わりに対人レーダーをつねに作動させて周囲の人びとの反応を探り、それを指針の代用にしようとしているのです。それがいわば自分の拠り所となっているのです。一昔前のクルマのナビゲーションは、その装置内に設置されたジャイロスコープ(回転儀)によって自分の場所を確認していました。しかし現在のそれは、人工衛星が発する電波を受信して自分の場所を割り出すGPS(グローバル・ポジショニング・システム)にほとんど取って代わられています。それと同じことが人生の羅針盤にも起きているのです。

「日本経済新聞」に、一九八六年の日本航空の女性社員の入社式と二〇一〇年のそれを比較した写真が掲載されたことがあります(二〇一〇年九月一六日夕刊)。前者ではチェック柄のスカートやワンピース、白のハイヒールなど服装はまちまちで、髪型も多種多様だったのですが、後者ではものの見事に全員が黒のスーツ一色で、靴や髪型もみなそっくりです。二〇一〇年といえばちょうど就職氷河期の頃ですから、おそらくその影響もあったのでしょう。しかし、就職状況が好転した現在でもこの傾向は相変わらず続いていますから、理由はそれだけではないはずです。大多数がわりと似通った目標を追っていた成長期のほうが、新入社員たちが個性的な服装をしており、人によって目指すものが多種多様になった高原期のほうが、没個性的な服装になっている背景には、この人生の羅針盤をめぐる時代精神の変化があると思われます。それが若者たちに、差異化よりも同質化を求めさせるようになっているのです。

実際、それとまったく同じ傾向は、ＮＨＫ放送文化研究所が実施している「中学生・高校生の生活と意識調査」にも見られます。一九八二年の調査から二〇〇二年の調査までは、ものごとの判断を求められた際に自己主張をするという中高生が増えていました。おそらく価値観の多様化や制度的共同体の弱体化とともに、自らの自主性を重んじようとする生徒が増えていたのでしょう。あるいは、一九八〇年代後半から始まった個性化教育の影響もあったかもしれません。ところがその後は傾向が反転し、他人の意見に合わせるという中高生が増えてきます。価値観の画一化や制度的共同体の強化が再び見られるようになったわけでもないのに、いわゆる同調圧力がいま再び強まってきたのは、おそらく人生の羅針盤を内面に保ちにくくなったからではないでしょうか。そのため周囲の人間関係から自分だけが浮いて、居場所がなくなってしまうことを過度に恐れるようになったのだと考えられます。

このような心性は、中高年の世代には理解が難しいものかもしれませんので、こんな事例を紹介しておきたいと思います。二〇一八年四月、愛媛県の松山刑務所で、ある受刑者の青年が脱獄した事件がありました。彼の足取りがしばらく摑めなかったため、周辺の住民に不安が広がって大きな社会問題となりました。多くの人は、このような脱獄事件を見聞したとき、自由を求めてのことだと想像するでしょう。しかし、この脱獄者が捕捉された後に吐露した内容はまったく違っていました。彼は、「刑務官に叱咤されて刑務所内に自分の居場所がなくなってしまった」と述べたのです。刑務所ですから寝食の居場所は確保されています。この言葉の真意は、それまでは所内で優等生だったのに、刑務官に叱責されて周囲の人たちから自分が認めてもらえなくなったというものだったのです。刑務所内においてすら見受けられるこの「居場所のなさ」感が物語っているのは、この世代の多くに共通した承認欲求の強さであり、その背後には、高原社会における人間関係の比重の高まりがあるのです。

不安定化する人間関係

人間関係における自由度の高まりには二面性があります。社会制度や組織によって人間関係が縛られていた往年とは違い、今日のように社会の流動化が進んで関係作りも自由になると、たしかに一方では、場面ごとに関係を切り替えることも自由になって、風通しのよい人間関係を享受しやすくなります。しかし他方では、社交的なふるまいが得意な人と苦手な人との間で、その違いが露わになって人間関係の格差が広がりやすくもなります。組織や制度によって人間関係が縛られなくなったということは、言い換えれば組織や制度が人間関係を保障する基盤としての役割をはたさなくなったということでもあるからです。

この二面性がもっとも端的に表われているのが、第2章でも検討したように今日の高齢層でした。しかし、それと同じ現象は、程度の差こそあれ若年層においても生じうることです。実際、先ほど引用した青少年研究会の調査によれば、二〇〇二年から二〇一二年の一〇年間に、友だちの多い人と少ない人の落差は大きく広がっています。ものごとは何でもそうですが、人によって差がないときには、それはさほど目立ちません。しかし差が広がってくると、それはみんなの関心事となってしまいます。こうして今日では、人間関係をめぐる問題がクローズアップされやすくなっているのです。

また、統計数理研究所が実施している「日本人の国民性調査」によれば、正しいと思えば信念を押し通すと回答した人は、一九五三年の四一％から二〇〇八年の二一％へと半減しています。かつて信念を押し通すことが容易だったのは、それが自分で勝手に作り上げたものというよりも、社会に流布する一般的な評価を受け入れた結果だったからです。社会的評価といういわば「抽象的な他者」からの評価によって、自分の判断を決めていたのです。それが信念と呼ばれるものの内実でした。そう考えると、現在ではそのように普遍性をもった「抽象的な他者」が成立しづらくなってきたため、それに代わって「具体的な他者」の評価を求めるようになっているといえるでしょう。自己の内面から他者の反応へと人生の羅針盤が移ってきたという先ほどの指摘の含意はここにあります。

かつて「抽象的な他者」の評価に人びとが等しく従っていた時代には、多少は意見に食い違いがあったとしても、基本的には同じ土俵に立っていると思えました。お互いに自己主張をしやすかったのはそのためです。たとえ激しく衝突しあっても、所詮は同じ土俵の上という安心感が背後にあったからです。だから衝突の後には仲直りもできると考えられていたのです。しかし、その評価が「具体的な他者」からのものに代わってくると、この前提は崩れてしまいます。人によって立っている土俵は異なるので、そこでいったん衝突してしまうともう後はなく、関係の修復はおよそ不可能と感じられてしまいます。だから関係の破綻を過度に恐れるようになっているのです。

このように、今日のほうが人間関係の比重は高まっているのに、いや、むしろそうだからこそ、その関係を維持することも、今日のほうが困難になっています。高原期の社会は、成長期ほど激しく変動せず、表面的には中世にも似た平坦な世界です。したがって人間関係も固定化され、安定感を得やすいように思われます。しかし現実はそうではありません。むしろその逆で、その不安定化を加速させているのが高原社会なのです。伝統的共同体も伝統的規範も強固だったかつての中世社会とは、そこが根本的に異なるところです。

壁の崩壊と差異の顕在化

前章で見たように、今日の宿命とは、生きる意味を剝奪するものではなく、生きる意味を提供するものです。そう受け止められるようになったのはわりと近年のことですが、一方でその宿命と似た概念でありながら、生きる意味をつねに提供しつづけてきたものがあります。それは使命です。ヴェーバーが指摘したように、キリスト教カルヴァン派の人びとが勤労に励んだのも、それが天命、すなわち神から与えられた使命であり、神の栄光のためのものと信じられていたからでした。私たちは、自分自身のために生きようとすると、しばしばその意味の空虚さに悩むことになりますが、なにか超越的な存在のために生きようとすると、たとえそれで自分の人生の一部が犠牲になったとしても、生きる意味に悩むことはありません。使命は、生きる意味と喜びを与えてくれるのです。

たとえば、前章で触れた「ＨＩＮＯＭＡＲＵ」には、「たとえこの身が滅ぶとて／守るべきものが　今はある」という歌詞もあります。この使命感は、「どれだけ強き風吹けど　遥か高き波がくれど／僕らの沸《たぎ》る決意は　揺らぎなどしない」と続き、生きる確信を与えてくれます。このとき、僕らが守るべき超越的なものとは「気高きこの御国」です。一方、一九七〇年代に一世を風靡したアニメ作品『宇宙戦艦ヤマト』の主題歌にも、これと似た歌詞がありました。「地球を救う　使命を帯びて……誰かがこれを　やらねばならぬ／期待の人が　俺たちならば」というものです。この物語や歌詞に対して、特攻隊を美化するものという批判も当時はありました。しかし、この物語の主人公たちが命をかけて守ろうとしたのは地球だったのです。

どちらの歌詞にも、自らが救済者になることで、満たされない承認欲求を補塡しようというメサイア・コンプレックスと呼ばれる屈折した心理状態を読み取ることができます。しかし、そこで守るべき超越的な存在は、一九七〇年代の地球から二〇〇〇年代の日本へと大きく変貌しています。かつてのコスモポリタンは、いまやナショナリストへと転じました。この心境の変化は、現在の高原期を生きる人たちにとって、同じ風景を眺めていると思える人の範囲がどんどん狭くなっていることを示唆しています。だから、自分を必要としてくれると思える相手もまた狭く見積もるようになっているのです。

『ヤマト』の時代にも、みんなで共有できる土俵がそんなに広かったわけではありません。いまほど価値観が多様化していないとはいえ、それでも東西冷戦に象徴されるように、地球規模で共有されうる土俵などありませんでした。しかし当時は、まだ現在ほど社会の流動性が激しくなかったため、みんなが同じであるかのような錯覚が成立しやすかったのです。壁の向こう側がお互いによく見えていなかったからです。ところがその壁が崩壊し、世界的規模でグローバル化の進んだ今日では、お互いの相違に否応なく気づかされる機会が増えました。たとえば、かつて移民や難民の受け入れを積極的に認めていたヨーロッパ圏の人びとが、近年は一転してその政策に慎重な判断を示すようになってきたのも、現実に数多くの移住者と身近で接するようになり、お互いの生活様式の違いに気づかされたからでしょう。社会の流動化が進んだ今日のほうが、お互いの相違が顕在化しやすくなっているのです。

したがって、これは私たちの日々の交友関係についても当てはまります。人間関係の流動化は、お互いの相違をかつて以上に顕在化させるのです。また、これはどの年齢層でも起きている現象といえます。しかし、とりわけその激しさが増しているのはやはり若年層です。その理由としてまず思いつくのは、いうまでもなくインターネットの普及でしょう。たんに伝統的共同体が衰弱しただけでなく、同時にSNSも浸透してきたおかげで、従来の組織や制度に縛られることなく、多様な生活様式や価値観をもった人たちどうしで、いつどこでも出会いやすくなっています。高齢者よりもネットの利用に長けた若者たちは、その自由自在な通信環境を生かして、世界中の人びとと容易につながることができるようになりました。しかし、理由はそれだけではありません。

第3章でも指摘したように、社会の高原化によって、今日では世代間の価値観ギャップが大幅に縮小しています。そのため、かつてのように若者たちが大人社会に対して反旗を翻すことはほとんどなくなりました。若者たちから第二次反抗期がほぼ消滅し、大人への反発心に根差した少

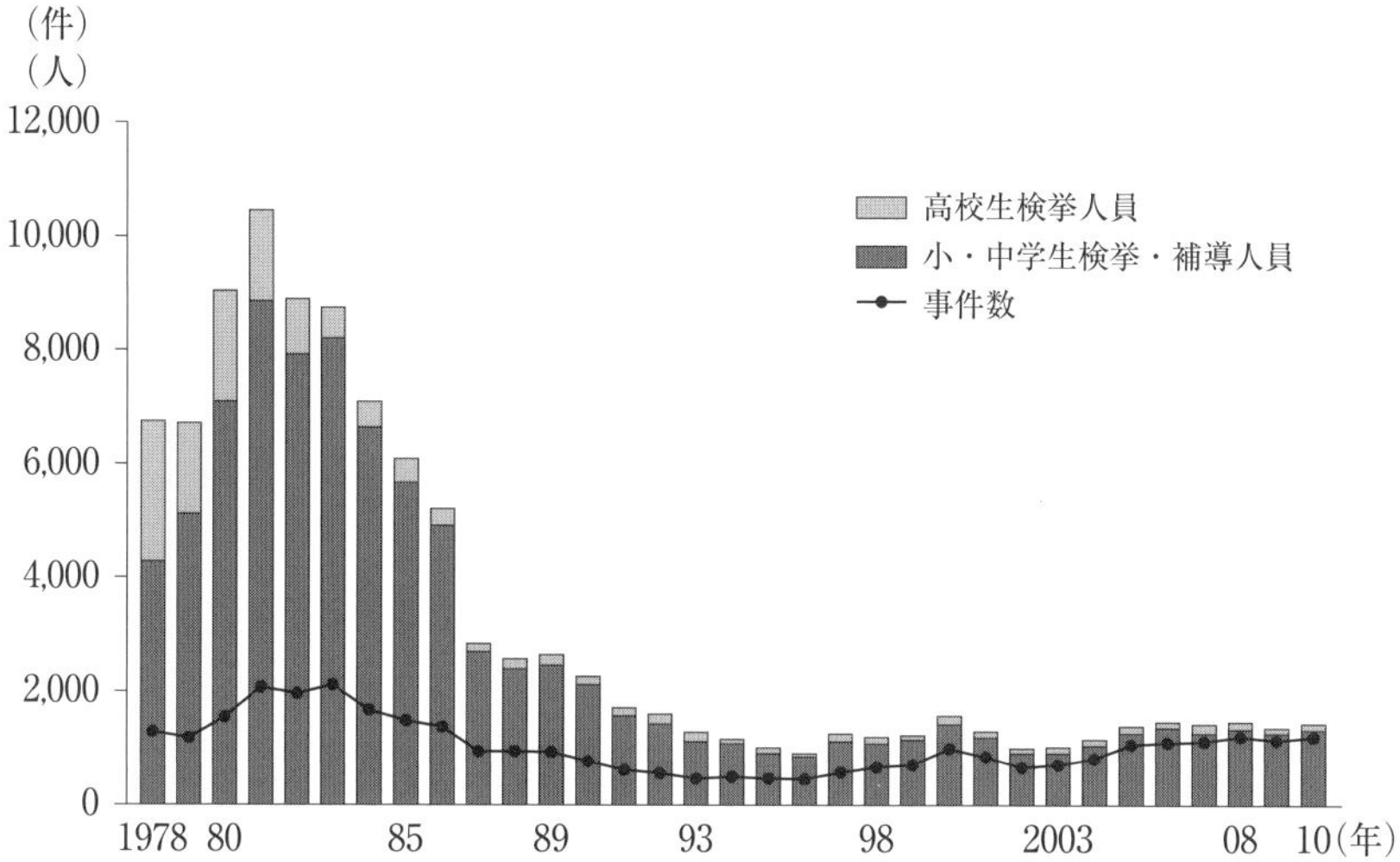

図4-3　校内暴力の事件数と検挙補導人員の推移

（法務省『平成23年度版　犯罪白書』）

（注1）警察庁生活安全局の資料による．（注2）2000年以降は，小学生を含む．

年非行も見かけなくなりました。世の中が平和になって良くなったようにも見えますが、大人世代という共通の敵を失った若者たちは、自分たちの世代内での相違に対して、かつて以上に敏感にならざるをえなくなっています。世代間に大きな違いがあった時代には、お互いの関心事もそちらへ向いていたのですが、世代間の相違が目立たなくなると、その関心事がより身近な世代内の違いへと移ってくるからです。

　校内暴力の検挙件数と人員の推移を示した**図4-3**をご覧ください。反抗型の少年非行の典型でもあった校内暴力の摘発件数が減少していることが分かります。しかし、それよりも激しく減っているのは、事件で検挙補導された児童生徒の人数です。昭和の時代には摘発件数と補導人員数のあいだに大きな落差がありましたが、現在では両者がほぼ重なっています。この変化が物語っているのは、かつての校内暴力の多くが集団行為で、一つの事件で多人数の児童生徒が補導されていたという事実です。と同時に、現在のそれは個人的な行為へ変化しているという事実です。思い起こせば、かつての児童生徒たちは徒党を組んで教師に立ち向かっていました。しかし昨今では、そのような集団非行を目にすることはほとんどありません。共通の敵が消え、お互いの相違が目立つようになったため、みんなで団結することが難しくなったのです。東西の壁の崩壊が人びとの相違点を顕在化させたように、世代の壁の崩壊もまた若者たちの相違点を顕在化させたのです。

内閉化する人間関係

現在、自らの自己肯定感を支えるために人間関係が必要とされる比重は格段と大きくなっています。いや、むしろ今日では人間関係こそが自己肯定感の中心的基盤とすらいえるでしょう。実際、自己肯定感に代わって自己有用感という言葉も最近はよく使われますが、この言葉で示されているのは、周囲の人たちから自分が必要とされているという実感です。自己承認の欠落感から生じたメサイア・コンプレックスがそうであるように、みんなのために役立っているという実感が自己肯定感を育くんでくれるのです。

しかし同時に、その人間関係では、たとえ同じ世代内のものであっても、お互いの相違点がかつて以上に目立ちやすくなっています。現在の若者たちは、この隘路《あいろ》をくぐり抜けるために、本質的なところで自分と似通っていると感じられる相手だけとつながろうとする傾向を強めています。そのほうが承認してもらえやすいと思っているからです。役割分担という観点からいえば、自分が必要とされる出番は、本来は自分と異なった人たちに囲まれているときのほうが圧倒的に多いはずです。しかし、主観的にはなかなかそう感じられません。高齢化が進む日本で若者に大きな出番が回ってくる機会は、現実にはそう滅多にないことだからです。そのため、異なった人たちから実際に自分が求められ、必要とされた経験があまりありません。いつも「見てもらう」側にいるばかりで、「見てあげる」側に立った経験に乏しいため、自分と同質的な人のほうが自分を認めてくれやすいと考える傾向が強まっているのです。こうして、少しでも安定した自己承認の基盤を確保しようと、関係を閉じていくことになります。

そんな関係で得られる承認など、表面的で薄っぺらいものだと思われるかもしれません。しかし、かつて腹を割ってお互いに議論を尽くすことができたのは、先ほども述べたように、基本的なところでは同じ土俵に立っているという前提があったからです。だから最終的にはお互いに理解し承認しあえたのです。しかし今日では、その前提が崩れていますから、いくら腹を割って議論を尽くしたとしても、その先に待っているのは、最終的にお互いに分かりあえないことの再確認です。もちろんそれもまた議論の成果の一つとはいえるでしょう。しかし日常の場面では、そこまで辿り着くことすら稀です。むしろ多数派からの反対や孤立を恐れて自分の意見を表明しづらくなり、いわゆる沈黙の連鎖に陥ってしまうか、あるいは逆に、安全に承認を得るために自分の意に反してあえて多数派の意見に合わせてふるまうか、どちらかになることのほうが圧倒的に多いと思われます。だとしたら、最初からものの見方が同じと思える人たちだけとつながっておいたほうが、お互いに心理的な負担を感じないですみます。

もちろん、たとえば性的少数者などに対して寛容な精神を見せるのは、高齢層よりも若年層の人たちです。高原期に生まれ育った人びとは、各々が目指す方向も価値観も多様化していますから、お互いの相違点を認めあう寛容の精神に富んでいます。しかし、自分とは異なった他者を積極的に理解しようとする人たちがいる一方で、表面的には寛容な態度をとりながら積極的な関心を示さない人たちも大勢います。イギリスの社会学者、ジョック・ヤングの言葉を借りるなら、それは異なった人びとが相互に関与しあわない「排除型社会」だといえます(二〇〇七)。異質な他者を尊重しあう時代精神が、相互の理解を深める方向へではなく、相互の棲み分けを進める方向へと働いているのです。表面的には異質な他者に対して寛容なように見えて、じつは彼らに対して無関心でいることが増えているのです。

このように述べたからといって、成長期のほうが良かったと主張したいわけではありません。再びヤングの言葉を借りるなら、その時代には少数者に対して積極的な関与が示されていましたが、それは多数派の人びとが望ましいと想定する未来を実現するために必要な措置と考えられていたからです。したがってそれは、彼らを取り込んで自分たちの価値観に染めようとする「包摂型社会」だったといえます。少数者側の人たちにとってみれば、それはありのままの自分に存在価値が認められない生きづらい社会だったはずです。「排除型社会」は異質なものを肯定するものの、細かく分断された自らの圏域から吐き出して消極的な不関与を決め込んでしまいます。それに対して「包摂型社会」は異質なものを否定し、全体社会の発展のために矯正を強要して自らの圏域に積極的に飲み込もうとします。どちらの時代にも二面性があるのです。

生得的属性による分断化

青少年研究会の調査によると、友だちと知りあったきっかけとして、学外での出会いを挙げた一〇代の若者は、二〇〇二年より二〇一二年のほうが少なくなっています。友人と知りあった場所をすべて挙げてもらい、その数の平均値をとってみると、それもこの一〇年間で低下しています。それだけ交友範囲が狭くなっているのです。また、これほどSNSが発達しているにもかかわらず、インターネットで知りあった友だちがいる若者もそんなに増えているわけではありません。二〇一二年でも一〇%に満たない状態なのです。

もちろん、インターネットの普及で多種多様な人間がつながりあうことが容易になったのは事実です。先ほど述べたように、ネットを利用して交友関係を広げている若者は大勢います。ユーチューブなどの動画投稿サイトで、世界へ向けて自己表現を試みる若者もいます。しかし他方では、ネットがあるからこそ同質的な仲間どうしで固まり、時間と空間の制約を超えてつながりつづける若者が増えているのも事実です。基本的に知りあいどうしのコミュニケーション・ツールであるLINEの利用者の圧倒的な多さが、それを端的に物語っています。また、本来は全世界に開かれたツールであるツイッターやフェイスブック、あるいは最近とくに人気の高いインスタグラムなどでも、予想外の危険を回避するために仲間内で鍵をかけて、見知らぬ人とは接触しようとしない人たちが多く見られます。全世界に開かれたネット空間においてすら、狭いコミュニティ内に閉じこもる傾向が強まっているのです。

人間関係のリスクと不安を減じるのにもっとも手っ取り早く、また現実的な方法は、このように価値観の似通った者どうしで関係を築くことです。お互いに求めているのは自分の拠り所となってくれる他者なのですから、できるだけ自己承認を得やすいように、立場や意見の近い相手を求める傾向が強まっていくのです。人間関係に少しでも安全パイを求めるために、自分と同じ価値観の人間だけとつながろうとするのです。

しかし、社会から「抽象的な他者」が消えた今日では、たとえ価値観の似通った者どうしで形成される集団であっても、お互いを承認しあうときの明確な判断基準は存在しません。その点では、依然として関係のリスクは残ったままです。絶えざる不安を呼び起こす構造そのものは解消されていません。このとき、さらに安全に自分の居場所を確保する方法として登場してくるのが、前章で検討した生得的属性によるつながりです。それは、価値観よりも不変不動で揺るぎないものと考えられているからです。かけがえのない自分の根拠としてそれを重視するのも同様の理由からでした。だとすれば、安定した人間関係を築くための資源としてそれが用いられるようになっても、なんら不思議ではありません。

第3章でも引用した博報堂生活総合研究所の「子ども調査」では、二〇〇〇年代以降、友だちより家族のほうが大切という回答が増えています。また、大切な話をする相手も友だちより親という回答が増えています。さらに、友だちとの時間よりも家族との時間を増やしたいという回答も増えています。いずれも家族の求心力の強まりを示すものです。しかし、家族からの承認だけでは自己肯定の基盤としては小さすぎます。そこで、生得的属性をともにする人間関係として次に登場してくるのが地元つながりです。それも、現実には多種多様な人びとが混在している地元を母体としたつながりではなく、前章で述べたようにインターネットのフィルターで濾過されて同質化されたジモトを母体としたつながりです。

前章で述べたように、幼馴染みのような交友関係は、自らが選択したものというよりは、自分が生まれた場所に由来する地縁です。したがって、自分の生得的属性の一部と感じられます。こうして生来的な素質を重んじる根源的な自分の確認作業は、生来的な関係に由来する根源的な仲間の確認作業へと移っていきます。そこで求められているのは、いつ踵《きびす》を返されるかもしれない気ままな友だちからの一時的な承認などではなく、生得的属性をともにするがゆえにけっして期待を裏切らない友だちからの安定した承認なのです。

生得的属性を根拠にして連帯感を得ようとする心性には、流動化が進む現代社会で揺らぎやすくなった人間関係への不安と、それゆえにけっして揺らがない属性に根拠づけられた人間関係への憧憬が潜んでいます。生得的属性は、価値観がいくら変動してもけっして揺るがない安定した基盤と感じられるからです。それが宿命主義的な人生観が広がった世界での親密な人間関係です。現実には、生活スタイルや生活レベルの相違もそこに含まれているのですが、格差の固定化によって、今日ではそれもまた生得的属性の一部とみなされやすくなっています。こうして生得的と感じられる属性を同じくする者だけで関係を築き、異なった人びととはお互いに注意深く棲み分けることで、結果的に共存共生の世界が目指されていくのです。

このような世界は、それはそれで安定した社会のように見えます。しかし、異なった他者との比較の機会を失った社会でもある点に目を向けなければなりません。本章の冒頭で、一般に私たちは、自分の生きる目標について考えをめぐらすときも、身の回りの人間関係のなかでそれを確認し、自己の存在意義を得ようとすることが多いと述べました。また第2章では、私たちの期待水準は、一般に自分を誰と比較するかによって変わってくると指摘しました。このとき、日常の生活圏が実質的に同類だけで閉じていると、そのなかでいくら他者と比較しても、それは実質的な意味で比較したことにはなりません。準拠集団が自分の鏡のようなものになってしまうからです。そしてこれこそが、今日の期待水準の低下という現象に強く関わっているのです。

学歴による若年層の分断

社会学者の吉川《きっかわ》徹は、いま日本で人びとを分断するもっとも高い壁は、短大・高専を含めた大学卒業以上の学歴を持つ者(大卒層)と、専門学校・高校・中学卒業の学歴を持つ者(非大卒層)の間に存在すると主張しています(二〇一八)。日本の大学進学率は二〇〇〇年代初頭からずっと五〇%台を推移していますから、現在二〇代から三〇代の若者たちは、まさにこの学歴分断線によって人口がちょうど半分に分割されています。人口規模だけではありません。各種の統計データによれば、彼らの職業も、収入も、安定も、そして威信も、結婚も、健康も、この壁を挟んで大きく異なっているのが現実なのです。

戦前までの伝統的な階級社会とは異なって、今日の格差は社会の流動化が招いたものであり、皮肉なことにその流動化を促進する社会的装置の一つであったはずの学歴が、今日では逆に格差を固定化させる元凶となっています。その様相については第1章でも述べたとおりですが、とりわけ大卒層と非大卒層のあいだに大きな落差が見受けられます。昨今の流動化をもっとも典型的に示すものといえば、非正規労働の増大に象徴される雇用の流動化でしょうが、その負の側面の影響は若年層に大きく偏っており、その世代のなかでもさらに非大卒層に偏っているのです。

もちろん、このところ求人倍率が上がってきているのも事実です。しかし、その内実を見ると雇用状況はきわめて不安定で、職場には安心できる人間関係も居場所もないケースが多々あります。雇用の流動化は、表向きは自由選択の機会を増やしたように見えますが、それゆえに非正規雇用も増大させているのです。それは、一部の若者にとっては起業などのチャンスの増大を意味しているかもしれませんが、多くの若者にとってはむしろ雇用の不安定化を意味しています。そしてその影響は、転職率が高い非大卒の若者にとりわけ集中しているのです。事実、非正規雇用の近年の動向を眺めてみると、二五歳から三四歳の就業者数にそれが占める割合は、一九九〇年代前半には一二%台でしたが、二〇〇〇年代初頭に急増して現在では二五%を超えています。それでも二〇一四年以降は若干の減少が見られるものの、非大卒者の就職期に当たる一五歳から一九歳では増加傾向を示したままです。

吉川の分析によると、その雇用の不安定さを反映して、若年の非大卒層では就労時間が長い割には収入が少なく、そのため自らの職業に対するプライドや自信も低くなっています。またこの事実は、彼らを結婚から遠ざける一因にもなっています。さらに、彼らには不安を抱えた者が多く、社会参加も政治関与も文化活動も不活発な者が多く見られます。その消極的な態度は健康管理にも及んでおり、彼らの疾病リスクを高めています。吉川は、このような様相を総括して、「彼らは総じて不利な暮らしを強いられながら、拍子抜けするほどおとなしく、活気と意欲に乏しい若者たち」と形容しています。なお、吉川自身は男性と女性を分けて解析しており、男性のほうが事態はより深刻であると述べているのですが、本書では性差の問題を扱っていないので、両者を区別しないで検討を進めることにします。

ところが同時に、このような様相と矛盾するかのように見えるデータもあります。本書でも触れてきたように、それは彼らの生活満足度の高さです。吉川の分析によると、その実測値が高いのは大卒層だけなのですが、それは非大卒層がきわめて劣悪な状況に置かれているからで、それらの諸条件をそろえた調整値を算出してみると、非大卒層の満足意識も高くなります。しかもその値は、壮年層の非大卒者だけでなく、壮年層の大卒者よりも高くなるのです。彼らのほとんどが、もっとも低い社会階層への帰属感を持っているにもかかわらずです。

現在の若年層では、社会的格差が拡大しているにもかかわらず、生活満足度や幸福感も高まっています。本書では、相矛盾するかのように見えるこの現象の謎を解き明かすために、ここまで様々な考察を重ねてきました。そこで得られた知見は、この若年層の内部における格差と幸福の問題、すなわち大卒と非大卒を境界線とした格差が拡大しているにもかかわらず、大卒層だけでなく非大卒層においても生活満足度が増大しているという問題の解明にも応用できるでしょう。いや、むしろ彼らの生活満足度の高さをきちんと説明しなければ、若年層全体の幸福感を本当に説明したことにはなりません。先ほど述べたように若年層の半分は非大卒層であることに加えて、同じ若年層のなかでも非大卒層のほうが大卒層より社会的格差と生活満足度の乖離が大きいからです。

学歴分断線と準拠集団

ここでまず目を向けるべきなのは、これまで考察してきた人間関係の内閉化が、この生活満足度の高さを支えているという事実です。それは、彼らが劣悪な環境に置かれているにもかかわらず、日々、仲間どうしで団結することによって、その困難を乗り越えているといった意味ではありません。このような説明に限界があることは、すでに第2章で検討したとおりです。むしろそこで検討したように、彼らの抱く期待水準の低さこそが、その生活満足度の高さを支えているのです。

第2章では、社会の高原化によって現在と未来が地続きとなり、異次元の未来を想定できなくなったことが高原人の現在志向を強め、それが結果として期待水準を下げてきたと説明しました。この視点から、二〇一五年の時点での現在志向の分布を示した**図4-4**を眺めると、たしかに壮年層より若年層でその割合が多くなっていることが分かります。第2章において、**図2-4**を用いながら検討したように、加齢効果から考えるなら、残された人生が少ない壮年層のほうが現在志向になってよいはずですが、その逆の傾向を示しているということは、これが紛れもない世代効果であることを物語っています。また同時に、このグラフからは、同じ若年層のなかでも、非

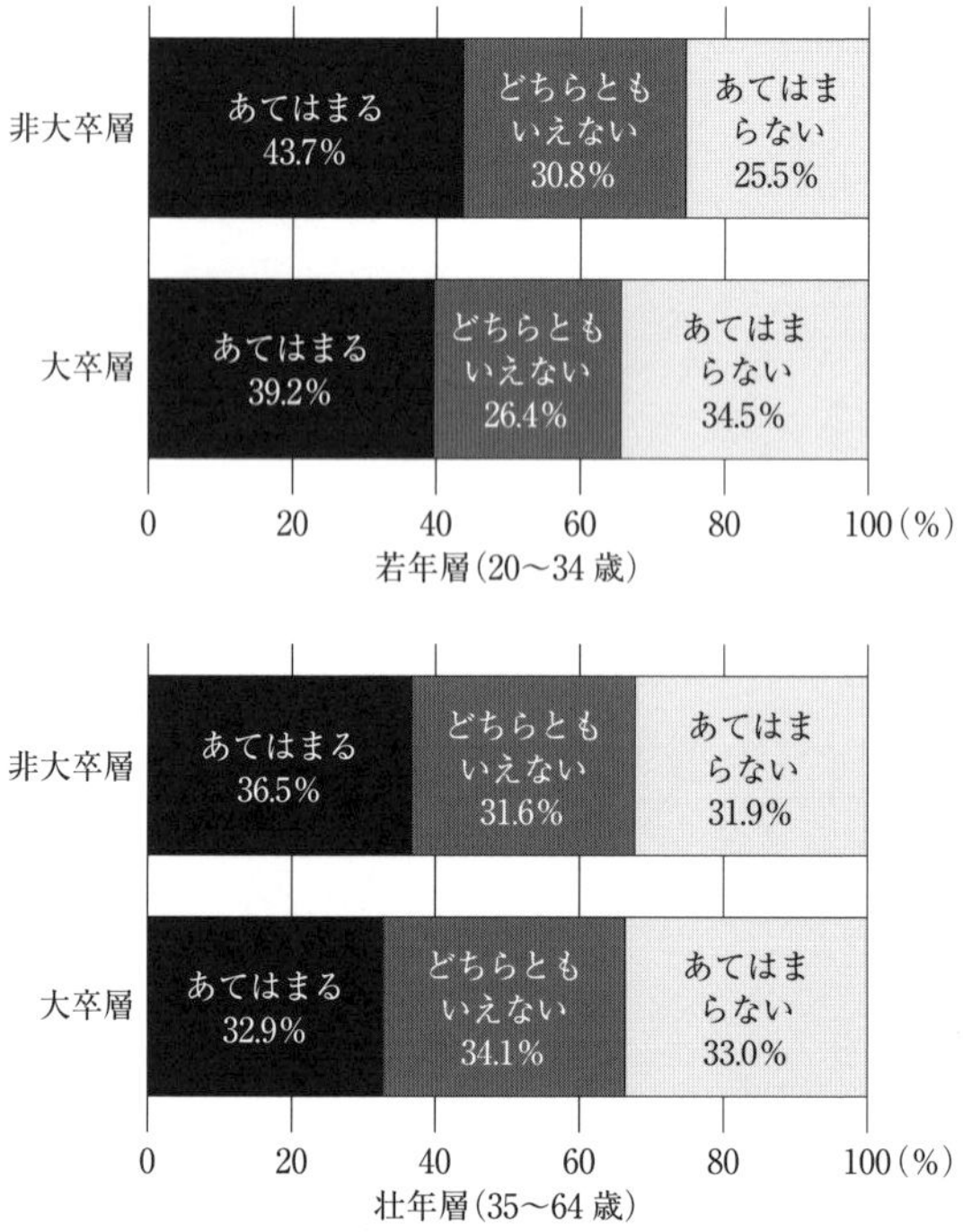

図 4-4　学歴別の現在志向の分布（2015 年）
（吉川徹・狭間諒多朗編『分断社会と若者の今』（大阪大学出版会，2019 年）から転載）

大卒層のほうがさらに強い現在志向を示していることが分かります。ということは、期待水準が低いこの世代のなかでも、非大卒層の期待値は大卒層のそれよりさらに低いということになります。

ここで留意すべき点は、できれば未来に期待をかけたいのにそれが叶わないから期待値を切り下げて現在志向になっているのではなく、そもそも最初から未来への期待値が低く見積もられているために現在志向になっているということです。これまで本書において、この世代の特徴として述べてきたことは、当然ながらこの世代内の非大卒層にも当てはまるのです。一般にはいまだに前者のような説明がなされることも多いのですが、それでは第2章で指摘したように、その心の深層には欲求不満が溜まっていることになります。そして、その事実はこの層の犯罪や非行を増加させるはずです。しかし、すでに指摘したとおり、近年、青少年の刑法犯は激減しているのです。

成長期の社会を前提とした解釈は、高原期の社会には通用しません。それは、現在の非大卒若年層についても同様です。彼らは、このまま延々と現在が続くと思っているからこそ、端から未来に期待などしていないのです。このように、未来に対して彼らが余計な高望みをかけることなどなく、そこそこの現在の生活に満足して日々を過ごしているとしたら、社会に敵愾心《てきがいしん》を燃やして反旗を翻したりなどしない「活気と意欲に乏しい若者」が、この層に多く見られるのも当然でしょう。

しかし、大卒層も非大卒層も同じ時代を生きているにもかかわらず、前者よりも後者のほうが現在志向がさらに強く、したがって期待水準も低いとすれば、その差については高原化にともなう未来への期待水準の低さによって説明することはできません。そこで目を向けるべきなのが人間関係の内閉化という現象です。内閣府が二〇一六年に実施した「子供・若者の意識に関する調査」によれば、現在の若者たちが親しくしている相手は、彼らが二〇代の後半になっても、一位が家族、二位が学校時代の友人、三位が地元の友人です。学齢期ならまだしも、社会人になってからもそうなのです。職場の仲間は四位にすぎません。血縁や地縁に加えて、学校もまた偏差値で決まる比重が大きいとすれば、いずれも自己選択の自由度が低い関係です。しかし、組み換えが不自由な関係であるがゆえに、それらは安定した居場所と感じられ、絶対的な拠り所を与えてくれます。だから、社会人になった後もその関係をずっと引きずっているのです。

このように内閉化した人間関係のなかで、昨今は、大卒の家族と非大卒の家族が付きあう機会も減り、両者の生活圏が分断化されています。そのため、親戚関係、友人関係、地域活動など、家族を起点とした様々な社会的ネットワークにおいて、大卒層と非大卒層が交流する機会も少なくなっています。実際、吉川の分析によると、近年では夫婦間や親子間での学歴同質性も高まっています。こうして、現在では自己評価を行なう際の準拠集団が同質化しているのです。先ほど、今日の地元つながりの母体は地元ではなくジモトだと述べた所以です。人間関係の隔絶によって、生活環境の異なった人びととの交わりが激減しているため、ものごとを判断するときの視点や視野もそれぞれの生活圏の内部で閉じられてしまい、自らと生活スタイルや生活レベルを同じくする人びとだけが比較の対象となっているのです。

このように閉じた環境に置かれているのは、大卒の若者も、非大卒の若者も、どちらも同じです。実際には歴然たる社会的格差が存在しており、とりわけその劣悪な環境に置かれているのは非大卒の若者たちなのですが、周囲の仲間もみな同じような境遇にあるので、その状態に対して不満感を強く抱いたりしなくなるのです。また、みんなが同じような人生コースを歩んでいるので、未来に対する期待値も端から低く見積もられていくことになります。もともと期待水準の低い若年層のなかでも、非大卒者のそれがさらに低いのは、このようにそれぞれの層で人間関係が内閉化しているからなのです。

しかし、それだけが彼らの期待水準を下げている理由でしょうか。現在では、それこそインターネット環境も普及していますから、日常の世界は多種多様な情報であふれ返っているはずです。生活圏の異なった人たちのことであっても、その情報はいつも入ってきているはずです。それなのに、彼らと自分を比較してみようという気にならないのはなぜでしょうか。比較の対象とされる人物がごく身近に限られているのはなぜでしょうか。この層の期待水準の低さについて、もう少し掘り下げて考えてみましょう。

努力主義の過剰包摂

本章冒頭の**図4-1**では、世界価値観調査における日本のデータを引いて、自分の人生をどのくらい自由に動かせると考えているかの推移を示しました。そこで今度は、同じ調査のデータを使って、若者たちの努力観の変化を見てみたいと思います。**図4-4**で示した現在志向をはかる設問文も、第2章で触れたように「将来のために節約・努力するよりも、今の自分の人生を楽しむようにしている」というものだったことから分かるとおり、現在志向と努力観は、期待水準というコインの表と裏を示しているからです。そもそも**図2-2**で示したように、近年、努力しても報われないと考える人は増えており、その傾向は特に若年層で強くなっていたことを思い出してください。**図4-5**は、努力すれば人生で成功すると思えるなら1、努力しても成功すると

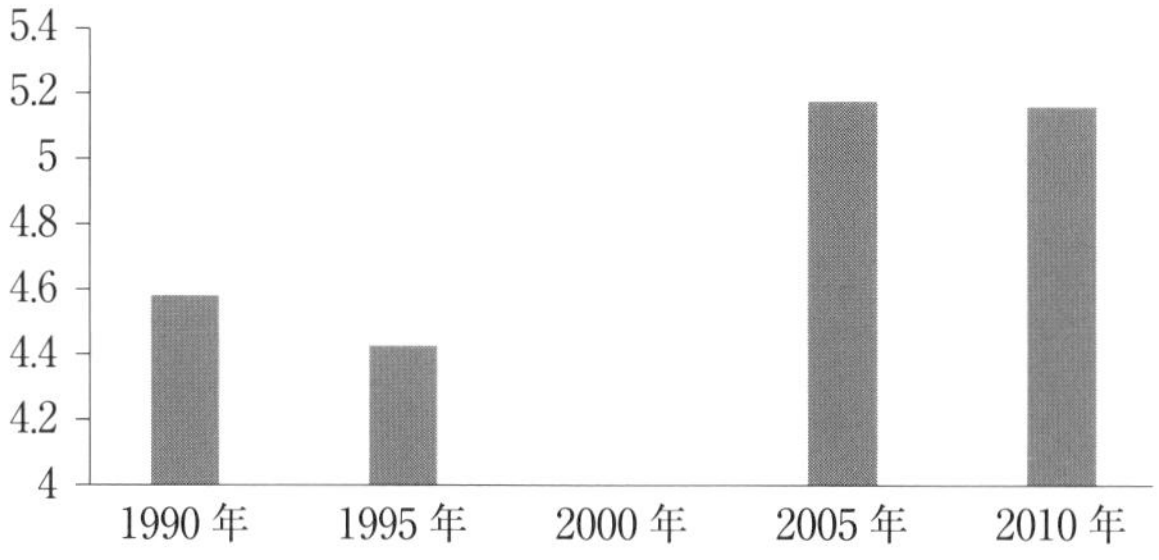

図4-5　勤勉に働いても人生に成功するとは限らない（18〜29歳）

（『世界価値観調査』の日本データ．グラフ作成は長谷部新．筑波大学2018年度卒業論文「不自由の国 日本」から転載）

（注）1995年のみ18〜26歳．2000年は該当設問なし．

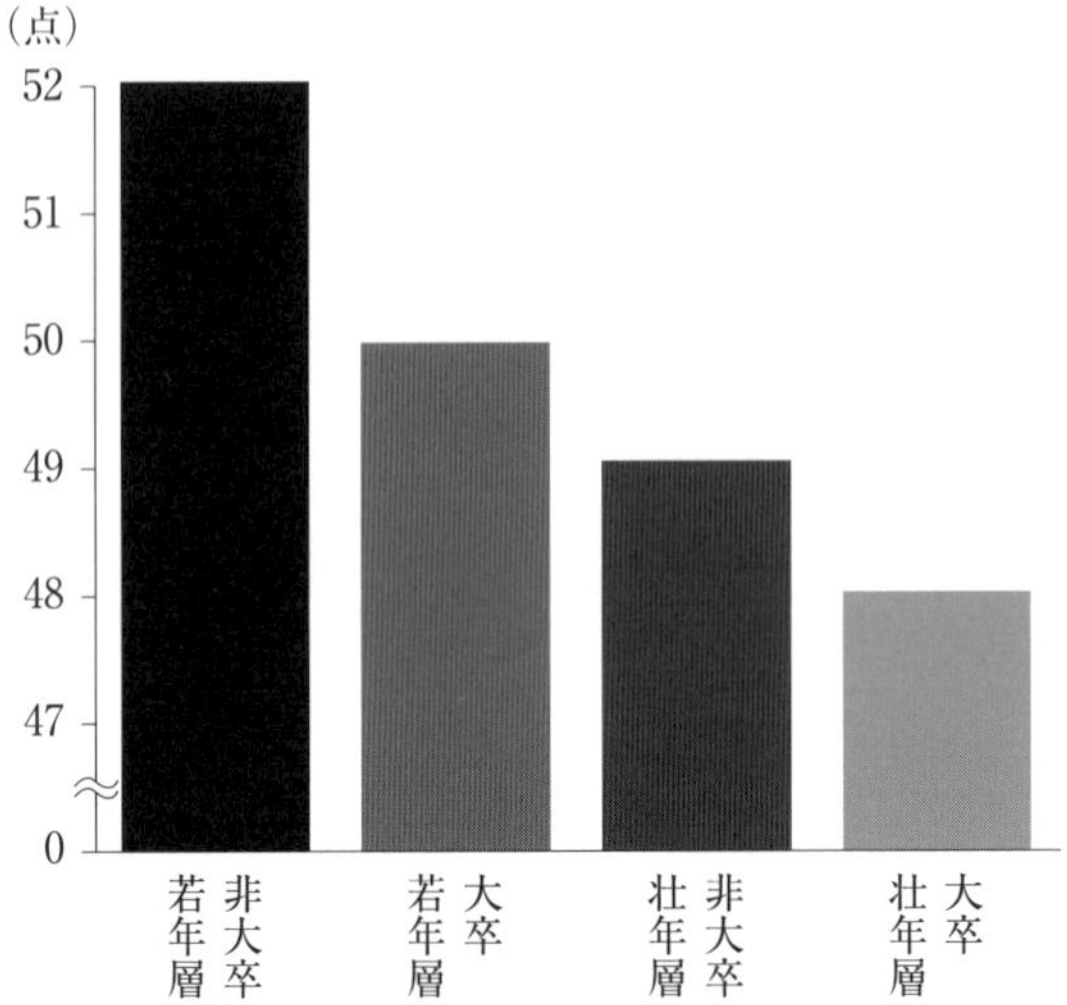

図 4-6　大きな資産をもてるようになるかどうかは，本人の努力次第だ
（吉川徹『日本の分断』（光文社新書，2018 年）から男女を統合して転載）

は思えなければ10の、一〇段階で評価した場合、自分の考えはどこに位置づけられるかを尋ねた設問に対する若年層の回答の平均値の推移を示したものです。ここからも、二〇〇〇年代以降、努力することに対する信頼感が薄れてきていることが分かります。

　人生に対する期待値が下がっているのですから、努力に積極的な意義を見出せなくなっているのは当然でしょう。だとすれば、先ほどから検討してきたように、壮年層よりも若年層のほうが、そして若年層のなかでは大卒者よりも非大卒者のほうが、それぞれ人生に対する期待値は低いのですから、努力に対する信頼感もこの順で低くなるはずです。では実際に、調査データによってその信頼感の分布を確認してみましょう。**図 4-6** をご覧ください。二〇一五年に実施された「階層と社会意識全国調査」の結果から、努力を重んずる価値観をどのくらい強く内面化しているかを示したものです。具体的には、「大きな資産をもてるようになるかどうかは、本人の努力次第だ」という設問に対して、賛成から反対までを五段階評価で尋ね、その回答を偏差値で得点

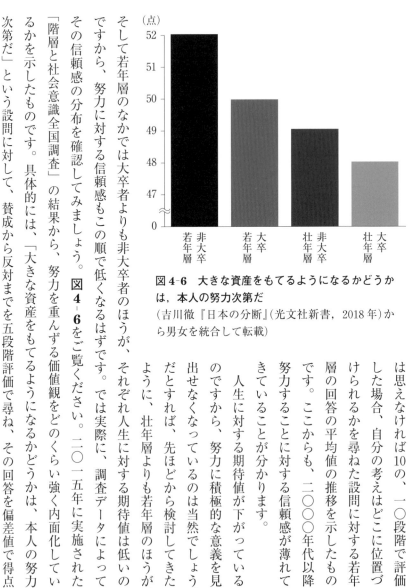

化し、年齢層と学歴別に示したものです。

予想に反してまったく逆の分布を示していることが分かります。まず、壮年層よりも若年層のほうが努力主義を強く内面化しています。また、それぞれの年齢層のなかでは、大卒層よりも非大卒層のほうが努力主義を強く内面化しています。**図4-5**で示したように、たしかに経年で比較すると、若年層全体の努力主義は衰えつつあります。しかし、時間を現在に固定して各層を比較すると、予想とはまったく逆の傾向を示すのです。これはいったいなぜでしょうか。ここまで本書が試みてきた説明はどこかに間違いがあったのでしょうか。いいえ、そうではありません。じつはこの意外な事実こそが、生得的属性に根差した宿命論的人生観の影響を表わしているのです。さらに、非大卒の若年層が抱えている問題の根深さを物語っているのです。

第1章で、経済的な豊かさと生活満足度が相関しなくなっている状態は、研究者の間で「幸福のパラドクス」と呼ばれていると紹介しました。それになぞらえるなら、自らの人生に対する期待水準の高さと努力することへの信頼感が相関しないこの現象は、「努力主義のパラドクス」と呼んでもよいでしょう。「幸福のパラドクス」では、ある一か国内における一時点のデータでは所得と幸福度に相関が見られるけれども、各国を比較した場合や、一か国内でも長期的な傾向を比較した場合には、所得と幸福度に相関が見られなくなりました。対して「努力主義のパラドクス」では、それとは逆に、時間的な推移を追っていくと、期待水準が下がるにつれて努力主義は弱まっていく傾向が見られるけれども、同時点で見ると、期待水準の低い層のほうが努力主義は強くなっているのです。

「幸福のパラドクス」が生じる背後には、これまで見てきたように所属集団や比較対象といった要因が存在していました。それと同様に考えれば、「努力主義のパラドクス」が生じる背後にも、おそらく別の要因が存在しているはずです。先ほども触れたヤングは、自分自身が生きている現実とは乖離した支配文化の精神を内面化させられた状態を過剰包摂と呼んでいます（二〇〇八）。この概念によって彼が明らかにしたのは、現代社会に支配的な文化が、その文化を享受している人びとの内面にだけでなく、マスメディアのような影響力の強い媒体を介して、その文化を享受しうる環境から排除された人びとの内面にも、等しく植え付けられているという実態でした。

主要な文化を享受しうる環境から排除されているという疎外が生まれる前提には、そもそもその文化しか選べない環境に置かれているという疎外が存在しています。しかも、その文化から疎外された人びとのほうが、その文化を享受できる人びとよりも、その文化をさらに強く内面化させられている場合が多いのです。それを代替してくれる別の手段を持ちあわせていないからです。たとえば、富裕層にとっては時間を節約したいときや気晴らしをしたいときのための食文化にすぎないファストフードやジャンクフードも、貧困層にとっては価格が安いために主食代わりに摂取されやすく、その結果、貧困層のほうが肥満体に陥りやすいことは、これまでもしばしば指摘されてきたとおりです。ヘルシーフードは価格が高すぎて彼らには手が届かないし、そもそも健康管理に気を配るような余裕もないからです。もっと平たくいえば、お金がなくて食べ物を買えないひもじさを味わうのは、そもそもお金によってしかそれを手に入れられない社会に生きざるをえないからですし、その上、その不足を補ってくれるような人間関係からもはじき出されているからなのです。

このような観点から「努力主義のパラドクス」を眺め直してみると、じつはここにも、ヤングのいう過剰包摂が働いていることが分かります。努力することで自分の未来も拓けると思っているのであれば、そこから見えてくるのは「明るく元気で、活気と意欲に満ちた若者たち」の姿のはずでしょう。大卒より非大卒のほうが努力主義を強く内面化しているのであれば、非大卒の若者の姿はなおさらそうであるはずです。ところが実際の調査データから見えてくるのは、吉川の言葉を再び借りるなら、「拍子抜けするほどおとなしく、活気と意欲に乏しい若者たち」の姿です。しかも大卒者より非大卒者のほうがその傾向をより強く示しています。両者の印象が齟齬をきたしてしまうのは、自分も努力すれば未来が拓けると思えることと、努力することに一般的な価値を認めることとが、じつはまったく別のものだからなのです。

自己責任主義のゆくえ

先ほども引用したベネッセ教育総合研究所が小中高生を対象に実施した「学習基本調査（二〇〇七年）」と大学生を対象に実施した「大学生の学習・生活実態調査（二〇〇八年）」で、「日本は、努力すれば報われる社会だ」と思うかどうかを尋ねた設問の回答を見ると、そう思うと回答した割合は、小学生で六八・五％、中学生で五四・三％、高校生で四五・四％、大学生で四一・八％です。年齢が上がるにつれて肯定的な意見は減少していくことが分かります。考えてみれば、これはしごく当然のことです。人は成長するにつれて素朴で純情な精神を失っていくからです。もっと単刀直入にいえば、社会の現実のしくみに気づき、学校教育の建前をそのまま鵜呑みにはしなくなるからです。これは明らかに加齢効果なのです。

この観点からすれば、ある一時点で比較した場合、壮年層より若年層のほうが努力主義を強く支持する傾向にあるのは当然でしょう。壮年層には加齢効果が働くため、努力主義に対しても懐疑的になります。**図4-1**で示したように、人生が自分の自由になる感覚も、時代精神の変化を反映してこのところ全体的に低下しはじめていますが、それでも壮年層より若年層のほうが高いのは、まだそれほど社会の荒波に揉まれていない年齢だからでした。それと同様のことが、この努力主義にも当てはまるのです。だとすれば、非大卒若年層のほうが大卒若年層よりさらに強く努力主義を支持することについても、それとまったく同じように考えられるはずです。

今日、非大卒の若年層は、実際に彼らが置かれている環境を正しく理解できていれば、学校教育が称揚する努力主義など絵に描いた餅にすぎないことを見抜けるはずなのに、皮肉にもその劣悪な環境に自身が置かれているため、状況を正しく理解するための広い視野を身につけたり、その判断能力を育んだりできる機会に恵まれていません。そのため、努力主義の非現実性に気づくことなく、その建前をそのまま鵜呑みにしてしまいます。自助努力によって事態を変えられるような社会状況からは疎外されているにもかかわらず、その努力主義の文化だけは内面化させられているのです。

誤解のないように過剰包摂の含意を再確認しておきますが、彼らが状況を正しく理解できていないのは、彼ら自身の自己責任ではありません。むしろ逆で、努力主義の過剰包摂へと彼らが追い込まれているのは、本来であれば公平な環境を実現できるように社会制度を整備すべき立場にある人たちが、自らが背負わなければならない責任を棚上げにし、不公平な環境に置かれた当事者たちにその責任を背負わせようとしてきたからです。昨今では、就活、婚活、妊活、終活といった言葉にも典型的に表われているように、人生のあらゆる局面で自助努力が求められます。しかし、その能力を身につけるための環境がみんなに等しく開かれているわけではありません。現在の日本に蔓延するこの自己責任主義こそが、本来、環境さえ用意されていれば身につけられるはずの能力を彼らから奪っているのです。自己責任の名の下に、その環境が提供されていないからです。そして、生得的属性に根差した宿命論的人生観がこの自己責任主義と結合してしまったとき、人生に対する期待値は一挙に収縮しはじめるのです。

教育社会学者の西田芳正によれば、現在の貧困家庭の子どもたちは、自らの境遇に対して違和感や反発を覚えることなく、むしろそれをごく自然なことのように受け入れる傾向を強めているといいます（二〇一〇）。そこでは、勉強が分からない、学校でうまくいかない、暮らしが貧しいといった不満の様相はほとんど見られず、彼らの親と同じく不安定で困難の多い生活をさほど強く自覚することもなく自らの元へ引き寄せてしまっているといいます。それだけが自分に馴染みのある見慣れた生活であるために、そこに基準を置いた予期的社会化が進んでしまうのです。

彼らは、努力することの価値はそのお題目通りに認めています。素直すぎるほど素直に受け入れ、肯定しています。しかし、だからといって努力すれば自分の未来も拓けると思っているかといえば、けっしてそんなことはないのです。そんな未来がありうるなどとは露にも思っていません。なぜなら、それだけの努力に耐えられるだけの資質や能力は、自分には備わっていないと思い込んでいるからです。自分はあらかじめそんな能力をもって生まれてきてなどいないと決めてかかっているのです。なぜなら、そんな能力もあると実感しうるような機会にこれまでほとんど恵まれてこなかったからです。そのため、一般的な価値としての努力主義の効用を認め、それを自分に適用しようとすればするほど、ますます期待水準は下がっていってしまうのです。

個人の努力では乗り越えられない大きな壁が、この社会には立ちはだかっている。そんな現実を身をもって体感している人びとが、学校でお題目のように唱えられる努力主義を内面化すると、このように自らの人生に対する期待を収縮させてしまいます。努力主義を内面化することは、同時に自己責任主義を内面化することでもあるので、これだけ努力しても自分がいまだに劣悪な境遇に置かれているのは、まだまだ努力が足りない自身の至らなさゆえだと感じることになります。そして、それを乗り越えるだけの努力を発揮できず、成果を出せないでいるのは、そもそも自分にはその資質が欠けているからだと思い込んでいくのです。生得的属性こそが自分の人生を規定する最大の要因であると日頃から考えているからです。

ここに学歴による生活圏の分断化が重なってしまうと、学歴差にともなう社会的格差もまた生得的属性に由来するものと考えるようになり、ますます格差の固定化を受け入れていくことになります。それは、自分自身の生まれつきの資質に由来するものだから仕方ない。そう考えて期待水準がさらに下降していってしまうのです。こうして、格差の固定化の元凶を社会に求めていく批判的精神は封印され、「活気と意欲に乏しい若者」がこの層に増えていくことになります。

このように見てくると、生得的属性への強い思い入れに根差した宿命論的な人生観の影響は、たしかに非大卒層に典型的に表われているものの、じつは大卒層の底流にも等しく見受けられることに気づきます。いくら価値観が揺れ動いても微動だにしない生得的属性を根拠にしたつながりは、たしかに一方では安定した居場所と生きる意味を彼らに与えてくれていますが、他方ではその属性を異にした人たちとの交流を切断し、生活圏の分断化をさらに推し進める結果になっているからです。今日、若者たちの間に格差と幸福の乖離をもたらしているのは、彼らの心のなかに静かに広がるこの古くて新しい「宿命」観なのです。また、既成の制度的枠組みはますます揺らぎを増しているにもかかわらず、人生は自由にならないという感覚が同時に広がりはじめているのも、近年の格差の固定化に加えて、この「宿命」観が自己イメージを膠着化させているからなのです。今日の時代精神をめぐる光と影がここにあります。

補論――「宿命」を問いなおす

分断線を越境する人びと

二〇一八年七月、西日本は記録的な豪雨災害に見舞われました。その被害がもっとも大きかった地域の一つが岡山県総社《そうじゃ》市です。大量の雨によって住宅地の広範囲で土砂流入が発生し、また水分を吸収した薬品で化学工場が爆発するなど、甚大な損害を被りました。

そんな大災害に見舞われた翌日、同市のある高校生が、ツイッターで市長にこんなメッセージを送りました。「突然、失礼します。これを見る暇はないかもしれませんけど……。私たち高校生に何かできることはありませんか？　配給の手伝いなどはできませんか？　何かできるかもしれないのに家で待機しているだけというのはとても辛いです。子どもだから、できることは少ないかもしれないです。でも、ほんの少しでもできることはないですか？」と。同市長はこのメッセージに対してすぐさま反応し、「総社市役所に手伝いに来てください」と、やはりツイッターでつぶやきました。すると翌日の朝には、千人を超える高校生のボランティアが市役所に集結したのです。

総社市の高校生は、ぜんぶ合わせても約二千人です。なんとその半数を超える人数の高校生たちが、総社市以外の友だちも引き連れて、寸断された交通網のなかを自力でやってきたのです。

また、そんな高校生の姿を見て、中学生やさらに小学生まで、自分たちにも何かできることはないかと集まり、市役所内での支援物資の仕分けや募金活動などに奮闘しました。同市長もそんな若者たちの姿を見て、「よく頑張ってくれました。君たちの力は凄かった。ありがとう！」と後日、ツイッターでつぶやき、彼らの行動を讃えました。この一連の経緯については、「学校教育開発研究所」ＡＩＳＥＳ時事通信（ブログ）や、総社市長・片岡聡一氏投稿の YouTube 動画などで詳しく報道されています。

このエピソードが物語っているのは、現在の若者たちは、本書で眺めてきた人間関係の内閉化や生活圏の分断化を、その気になれば軽々と乗り越える力をじつは備えもっているということです。そして、その力を引き出せる環境を作っていくのは、ほかならぬ私たち大人自身の役目だということです。総社市では、その前々年に九州で熊本地震が発生した際に、いち早く支援職員を同地へ派遣するなど、地域の垣根を越えたつながりの構築に取り組んでいました。その光景を日頃から目にしていた若者たちが、ここぞとばかりに立ち上がり、その潜在力を発揮してくれたのです。

ある問題に直面したとき、自分自身の能力でその解決が不可能なら、その能力に長けた人をインターネットで探してきて事態に対処する。自分に足りないピースがあったとき、わざわざ時間と手間をかけてそのピースを自分で作り出すよりは、そのピースを外部から探してきてさっと手早く埋め合わせてしまう。現在の若者たちは、そんな能力に長けています。そして、社会が平坦化している現在だからこそ、このような人的交流も可能になっているのだとすれば、それはまさに高原期の時代にふさわしい努力のかたちともいえます。

高原期における努力とは

そもそも努力とは何でしょうか。昨今の若者たちが考えるように、努力できるか否かも生得的な属性の一部なのでしょうか。生まれついた資質や才能に差があることを否定はしませんが、しかし本来は、その能力の足りない部分を補う営みこそ、努力という言葉の意味するところだったはずです。だとすれば、個人の能力不足を自己完結的に補うのではなく、他者とのつながりによって補おうとする営みも、また努力の一つのかたちといえるのかもしれません。このように考え方を改めてみると、そして現在の若者たちのふるまい方を見てみれば、けっして努力への信頼感が失われているわけではないのかもしれません。

しかし、それでもなお、いま努力への信頼感に削がれている面があるとすれば、それは今日の社会の高原化によって、かつてのように超越的な目標を胸に抱きにくくなったからだと考えられます。だとしたら、内実のよく分からない異次元の目標のためになどではなく、その営みの過程それ自体を楽しむことで、努力を続けられるようにしてみるのも一つの手ではないでしょうか。それは、なにか別の目標を実現するための人間関係ではなく、関係そのものを楽しむ自己充足的な人間関係を紡いでいくことでもあるはずです。そう考えれば、それはもうすでに多くの若者たちが営んでいるものだともいえます。

現在の若者たちは、シェアの世代ともいわれます。たとえば、クルマが必要になったらお金を稼いで買うのではなく、いま使っていない人から借りればよいと考えます。もちろん、ギブ&テイクですから、いま自分に使う必要のないものは、逆に誰かに貸してあげればよいと考えます。そうやって世界を広げ、分断壁を軽々と乗り越えていける力を持っているのも現在の若者たちです。彼らは、自分の能力不足に自身の内部を改良することで対応するのではなく、人間関係を新たに構築することで対応することのできる世代なのです。

今日のように流動性の増した社会で、一つのものごとに対してあまりにも強くこだわりすぎると、せっかく新しいチャンスが到来しているかもしれないときに、その兆しを見逃してしまうこともありえます。インターネットを活用し、全世界から絶えず新しい情報を摂取している若者たちは、そのリスクをよく心得ています。そのため、なにか特定のことに没頭することは、むしろ積極的に回避しようとします。だとすれば、ひたすら一つのことに集中することではなく、もっと臨機応変に人間関係を構築していけるように工夫を重ねることこそ、今日の努力のあり方なのだと考えを改めねばならないのかもしれません。それが、高原期の社会に見合った努力のかたちなのかもしれません。

認識論的な誤謬に気づく

このように既成の概念を疑ってみることの意義は、本書で論じた宿命論的人生観についても同様に当てはまるものです。今日のそれが前近代的なそれと根本的に異なっているのは、理不尽な身分制度によって抑圧され、やむなく希望を諦めているわけではないという点にあります。しかし、前近代的な身分制度を理不尽だと考えるのは、そもそも私たちが近代人だからです。その時代を生きた人びとにはそれこそが自明の現実であって、たとえば農民も努力次第で武士になれるなどとは夢にも思わなかったはずです。そして、現在の時代精神の落とし穴もじつはここにあります。

今日、生まれ持っていると考えられている素質や才能の多くも、じつは与えられた社会環境のなかで、かつての身分制度と同じくらい格差をともないながら、再生産されてきたものです。たとえば、いくら天才的なピアニストであろうと、そもそも日常的にピアノに触れさせてくれ、定期的にレッスンに通わせてくれるような恵まれた成育環境になければ、その才能に目覚めることは難しかったはずです。その点から見れば、それらの素質や才能もけっして生得的属性とはいいきれません。もちろん、生まれ落ちる環境を自分では選べませんから、その点については個人にとっての宿命であり、生得的属性であるかのように感じられます。しかしその環境も、社会制度の設計いかんでいかようにも変えていけるものです。そう考えれば、社会的に見るとそれも宿命などではありません。

このことは、現在の若者たちに見られる人間関係のマネジメント力の高さにも当てはまります。それは、彼らに生まれ備わった能力というよりも、むしろこの高原地帯を歩むなかで育まれてきたものです。生得的な素質などではなく、社会化による産物なのです。もちろん、彼らがこの時代に生まれ落ちたのは、自己選択の結果ではありません。したがって、その部分については宿命論が成り立つようにも見えます。しかし、ここでもピアニストの例と同じことがいえます。この高原期の社会をどのようなかたちにしていくかは、まさに私たちの自由選択に託されているからです。社会的に見れば、それもまた環境の産物なのです。

このように見てくると、今日の宿命論的人生観も、じつは前近代的なそれと本質的には違っていないといえます。作られた素質にもとづく社会的な境遇の違いを、あたかも生来的なものと思い込んでいるだけなのです。このように、本来は社会構造的な背景から生まれた格差でありながら、それをあたかも個人的な理由にもとづいたものであるかのように錯覚している状態を、イギリスの社会学者、アンディ・ファーロングとフレッド・カートメルは認識論的誤謬と呼んでいます(二〇〇九)。

私たちの生活満足度は、自分の置かれている環境をどのように判断するかによって異なってきます。ここで視野が狭いと、その環境を客観的に見つめることが難しくなります。その結果、たとえ劣悪な環境にあったとしても、その状況に対して不満を抱かなくなります。それは、疎外された状況に置かれているという認識それ自体からも疎外されていることを意味します。今日の若者たちの幸福感の強さは、社会的に排除されていることの認識からも排除された結果といえるのです。いわば二重化された社会的排除の産物なのです。

宿命論的人生観の下では、排除されていることを当事者に意識させないような排除が、したがって剝奪感さえ抱かせないような排除が、人知れず進行していきます。反発や絶望を覚えることもなく、「それが自分の宿命なのだ」と、納得をもって淡々と迎え入れていってしまいます。だから今日の若年層では、深刻な社会的格差があるにもかかわらず、生活満足度も上昇しつづけているのです。だとしたら、それはけっして望ましい現象とはいえません。それもまた認識論的誤謬の一側面にほかならないからです。

しかし、今日の宿命論的人生観が認識論的誤謬の一つであるなら、努力の意味を組み換えられるのと同様に、その意味を組み換えることもまた可能なはずです。自分の置かれた社会環境の劣悪さや、自身の能力不足などを、個人の自助努力によって補おうとするのではなく、新しい人間関係の構築によって補おうとするのは、まさに高原期の日本に生まれ育った世代の心性です。だとすれば、彼らがその心性をさらに伸ばしていきやすいように、できるだけ格差の少ない社会環境を整えることこそ、私たち大人に託された使命といえるのではないでしょうか。

このように考えるなら、いま若者たちが宿命と考えているものも、新たにシェアの対象とできるのかもしれません。ただし、ここには注意も必要です。災害ユートピアという言葉もあるように、宿命を共有する感覚は人びとのつながりを一気に強化しますが、それはなかなか長続きしません。情熱的な感情に支えられたつながりは、しばしばその視野を狭めてしまう危うさを併せ持っているからです。これまで歴史のなかで私たちが獲得してきたその教訓を忘れてはなりません。私たちは緩やかに、そしてしなやかに、つながりつづけることが大切です。つねに外部へと開かれたそんなつながりのなかで、視野を広げていくことこそが何にも増して重要なのです。

高原期の朝もやを抜けて

自らが自由に選んだ社会的環境のなかで、自らが主体的に摑み取った属性によってではなく、自分の生まれ落ちた環境や、生まれもった資質、才能といった先天的な属性によって、自分の運命がほぼ決まっている。それが宿命論的人生観です。それは認識論的誤謬の一つであり、二重の社会的排除を招いてしまう元凶でもあるのですが、他方では、その宿命を共有する感覚を起爆剤とすることで、今日の社会的分断を逆に突き崩す原動力の一つを得られる可能性もあります。しかし、それを実現するためには抽象的な概念操作だけでは限界があり、それを実現しうる現実のインフラ整備も必要です。いまその役割をはたしている最大のものはインターネットを中心とした情報環境でしょう。そのプラットホームが整えられていてこそ、広く開かれた人間関係の構築も可能となることを忘れてはなりません。

現在、国民の実質的な豊かさを国家間でもっとも正確に比較できる指標は、一人当たり購買力平価ＧＤＰだといわれていますが、その最新版である二〇一八年のランキングを確認すると、日本は第三一位となっています。同じく東南アジアの主だった国々と比較してみると、シンガポールが第四位、香港が第一一位、台湾が第一七位、韓国が第三二位です。ちなみに日本と密接な関係にあるアメリカ合衆国は第一二位です（データは、ウェブサイト「世界経済のネタ帳」に依ります）。

もちろん本書が論じてきたように、ＧＤＰは経済的な豊かさをはかる指標にすぎませんから、それが心の豊かさと一致するわけではありません。また、社会的格差の進行度も国によって大きく異なります。たとえば、一部の裕福な人たちが仲間と連れ立って飲食店へ出かけ、贅沢な料理を注文して楽しめば、その消費行動はＧＤＰに反映されます。他方、お金はなくてもお互いに手作りの料理を持ち寄り、仲間の自宅に集まって飲食をともに楽しめば、その心豊かな営みはＧＤ

Pに反映されません。同様に、クルマも各々が所有せずみんなでシェアすれば、人的交流は盛んになるでしょうが、GDPは伸びません。

先ほどの総社市の高校生たちの例でも同じことがいえます。ボランティア活動に励んだ高校生たちも、またその善意を受けとった市民たちも、ともに幸福感は増したに違いありません。しかし、その心豊かな営みはGDPに反映されていません。いま、GDPに代わる豊かさの指標が求められている所以でしょう。したがって、GDPのランキングをどう評価するかは人によって異なると思われます。しかし、いま世界のなかで日本のレベルがこの辺りにあり、その背後には世界的な産業構造の大きな変化があるということは知っておくべきだと思います。

私は、日本にハングリー精神を復活させ、再びGDPの成長を目指せと主張したいわけではありません。山登りの時代を再び取り戻したいと願っているわけでもありません。しかし本来、高原とはもっと風通しのよい地帯であるはずです。そこに多少の起伏は存在するにしても、少なくとも固定化されるべきものではないと思います。現在の日本の格差に制度設計で是正の可能な部分があるのなら、その実現を求めて声を上げるべきだと思います。その意欲は、社会に対して幅広い視野を持つことで生まれるものです。この平坦な社会を俯瞰しうる視野を得るためには、ナウシカのようにメーヴェ(軽グライダー)を操って大空へ舞い上がらなくてはなりません。

メーヴェで自在に滑空するには、時の風の流れを的確に摑む必要があります。そのためにいま必要なのは、ナウシカたちを安全圏に囲い込むのではなく、むしろ逆に彼らの眼差しを外部へ向けさせるための手助けをすることです。それは彼らが地面を歩いているときも同じです。現在の若者たちはせっかく平坦な高原を歩んでいるのですから、その環境を活かして彼らの未来への見通しを良くすることが大切です。高原の景色もずっと同じわけではありません。絶えず歩みつづけていれば、やがて景色は変わっていきます。高原地帯だからといって、未来が現在とまったく変わらないわけではないのです。しかし、顔を上げて歩いていないと、景色が変わったことには気づきません。

いま社会制度を設計するに当たって、フューチャーデザインという手法が注目を集めています。未来の世界に住んでいる自分をイメージし、その視点から時間を遡って現在の社会制度のあり方を検討するという手法です。これは、予期的社会化を逆手にとった方法論といってもよいでしょう。そして、いまそれが可能なのは、高原期の社会を生きている人にとっての二〇年後や三〇年後は、自分の姿を想像することが容易な世界だからです。遠くまで見通しがきく時代だからこそ、この手法も効果的に使えるのです。未来を想像しやすいということは、たしかに期待水準を下げる効果もありますが、同時に持続可能な社会制度を設計していく上での強みでもあるのです。しかしそのためには、私たちは顔を上げて歩いていなければなりません。

早朝、高原にはもやがかかります。現在の日本を覆っている視野の閉塞状況も、高原化の黎明期であった平成後期に一過性のものであってほしいものです。元号も変わり、新しい時代への転機を迎えた現在は、ちょうど高原に訪れる早春のように、この閉塞状況を打破するのに最適な季節なのかもしれません。日が昇るにつれて朝もやが薄らいでいくように、この高原社会の見晴らしもこれから良くなっていくことを願っています。

文献（本書での初出順・外国書の出版年は翻訳書のもの）

耳塚寛明ほか、二〇一四年、「平成25年度全国学力・学習状況調査（きめ細かい調査）の結果を活用した学力に影響を与える要因分析に関する調査研究」お茶の水女子大学。

阿部彩、二〇〇七年、「日本における社会的排除の実態とその要因」『季刊・社会保障研究』第四三巻第一号、国立社会保障・人口問題研究所。

小林盾、カローラ・ホメリヒ、見田朱子、二〇一五年、「なぜ幸福と満足は一致しないのか」『成蹊大学文学部紀要』第五〇号、成蹊大学文学部。

リチャード・イースタリン、一九七四年、Easterlin, R. A., "Does Economic Growth Improve the Human Lot? Some Empirical Evidence," in David, P. A. and Reder, M. W. (eds.), ***Nations and Households in Economic Growth***, Academic Press.

新見陽子、二〇一五年、「一人当たりＧＤＰvs.幸福度」『アジア成長研究所 Working Paper Series』二〇一五—〇二巻、アジア成長研究所。

古市憲寿、二〇一五年、『絶望の国の幸福な若者たち』講談社＋α文庫。

見田宗介、二〇〇八年、『まなざしの地獄』河出書房新社。

アンソニー・ギデンズ、二〇〇五年、秋吉美都ほか訳『モダニティと自己アイデンティティ』ハーベスト社。

浅野智彦、二〇一五年、「若者の幸福感は何に支えられているのか」『現代の社会病理』第三〇号、日本社会病理学会。

万引きに関する有識者研究会、二〇一七年、『高齢者による万引きに関する報告書』東京都青少年・治安対策本部。

齊藤知範、二〇一八年、「一般緊張理論の観点から見た高齢者犯罪」『犯罪社会学研究』第四三号、日本犯罪社会学会。

見田宗介、二〇一八年、『現代社会はどこに向かうか』岩波新書。

狭間諒多朗、二〇一九年、「現在志向から捉える現代の若者」吉川徹、狭間諒多朗編『分断社会と若者の今』大阪大学出版会。

大澤真幸、二〇一一年、「可能なる革命　第一回・「幸福だ」と答える若者たちの時代」『ａｔプラス』第七号、太田出版。

ホセ・オルテガ・イ・ガセット、二〇〇二年、寺田和夫訳『大衆の反逆』中央公論新社。

エミール・デュルケム、一九七四年、宮島喬、川喜多喬訳『社会学講義』みすず書房。

三浦展、二〇〇五年、「携帯電話は若者のコミュニケーション能力の低下や、階層格差問題にも波及しているのではないか。」『未来心理』第二号、モバイル社会研究所。

鈴木謙介・電通消費者研究センター、二〇〇七年、『わたしたち消費』幻冬舎新書。

柴田悠、二〇一〇年、「近代化と友人関係」『社会学評論』第六一巻第二号、日本社会学会。

マックス・ウェーバー、二〇一七年、中山元訳『世界宗教の経済倫理』日経ＢＰ社。

――、二〇一〇年、中山元訳『プロテスタンティズムの倫理と資本主義の精神』日経ＢＰ社。

吉野耕作、一九九七年、『文化ナショナリズムの社会学』名古屋大学出版会。

フィリップ・アリエス、一九八〇年、杉山光信、杉山恵美子訳『〈子供〉の誕生』みすず書房。

松谷満、二〇一九年、「若者はなぜ自民党を支持するのか」吉川徹、狭間諒多朗編『分断社会と若者の今』大阪大学出版会。

ジョック・ヤング、二〇〇七年、青木秀男ほか訳『排除型社会』洛北出版。

吉川徹、二〇一八年、『日本の分断』光文社新書。

ジョック・ヤング、二〇〇八年、木下ちがや訳『後期近代の眩暈《めまい》』青土社。

西田芳正、二〇一〇年、「貧困・生活不安定層における子どもから大人への移行過程とその変容」『犯罪社会学研究』第三五号、日本犯罪社会学会。

アンディ・ファーロング、フレッド・カートメル、二〇〇九年、乾彰夫ほか訳『若者と社会変容』大月書店。

社団法人 学校教育開発研究所 AISES時事通信（ブログ）「ちょっと感動！総社の高校生たち」（二〇一九年三月二日）https://aises.info/2019/03/02/kiji7-3-2-2-3-2-3-2-9-4-5-2/

総社市長・片岡聡一氏投稿の YouTube 動画「西日本豪雨、総社市の高校生が一〇〇〇人立ち上がった奇跡の物語。それは一通のツイッターで始まった。」（二〇一九年二月二三日）https://www.youtube.com/watch?v=LaV6BKPCFzE

土井隆義

1960年生まれ．筑波大学人文社会系教授．社会学．大阪大学大学院人間科学研究科博士課程中退．博士(人間科学)．
著書に『「個性」を煽られる子どもたち――親密圏の変容を考える』，『キャラ化する／される子どもたち――排除型社会における新たな人間像』，『つながりを煽られる子どもたち――ネット依存といじめ問題を考える』(以上，岩波ブックレット，2004年，2009年，2014年)，『少年犯罪〈減少〉のパラドクス』(シリーズ「若者の気分」，岩波書店，2012年)，『人間失格？――「罪」を犯した少年と社会をつなぐ』(シリーズ「どう考える？ニッポンの教育問題」，日本図書センター，2010年)，『友だち地獄――「空気を読む」世代のサバイバル』(ちくま新書，2008年)，『〈非行少年〉の消滅――個性神話と少年犯罪』(信山社出版，2003年)など．

日本音楽著作権協会(出)許諾第1904641-403号

「宿命」を生きる若者たち
――格差と幸福をつなぐもの

岩波ブックレット 1001

2019年6月5日　第1刷発行
2024年4月15日　第3刷発行

著　者　土井隆義《どいたかよし》

発行者　坂本政謙

発行所　株式会社 岩波書店
〒101-8002 東京都千代田区一ツ橋2-5-5
電話案内 03-5210-4000　営業部 03-5210-4111
https://www.iwanami.co.jp/booklet/

印刷・製本　法令印刷　　装丁　副田高行　　表紙イラスト　藤原ヒロコ

ISBN 978-4-00-271001-3　　Printed in Japan

読者の皆さまへ

岩波ブックレットは，タイトル文字や本の背の色で，ジャンルをわけています．

赤系＝子ども，教育など
青系＝医療，福祉，法律など
緑系＝戦争と平和，環境など
紫系＝生き方，エッセイなど
茶系＝政治，経済，歴史など

これからも岩波ブックレットは，時代のトピックを迅速に取り上げ，くわしく，わかりやすく，発信していきます．

◆岩波ブックレットのホームページ◆

岩波書店のホームページでは，岩波書店の在庫書目すべてが「書名」「著者名」などから検索できます．また，岩波ブックレットのホームページには，岩波ブックレットの既刊書目全点一覧のほか，編集部からの「お知らせ」や，旬の書目を紹介する「今の一冊」，「今月の新刊」「来月の新刊予定」など，盛りだくさんの情報を掲載しております．ぜひご覧ください．

▶岩波書店ホームページ　https://www.iwanami.co.jp/ ◀
▶岩波ブックレットホームページ　https://www.iwanami.co.jp/booklet ◀

◆岩波ブックレットのご注文について◆

岩波書店の刊行物は注文制です．お求めの岩波ブックレットが小売書店の店頭にない場合は，書店窓口にてご注文ください．なお岩波書店に直接ご注文くださる場合は，岩波書店ホームページの「オンラインショップ」(小売書店でのお受け取りとご自宅宛発送がお選びいただけます)，または岩波書店〈ブックオーダー係〉をご利用ください．「オンラインショップ」，〈ブックオーダー係〉のいずれも，弊社から発送する場合の送料は，1回のご注文につき一律650円をいただきます．さらに「代金引換」を希望される場合は，手数料200円が加わります．

▶岩波書店〈ブックオーダー〉　☎04(2951)5032　FAX 04(2951)5034 ◀

1000
公文書管理と民主主義——なぜ、公文書は残されなければならないのか　瀬畑　源

自衛隊PKO日報隠蔽問題や、政権の関与が疑われる森友・加計問題の根底には公文書の杜撰な管理がある。関連法の理念や歴史的経緯を簡潔にまとめ、公文書管理と情報公開が民主主義を支える機能であることをわかりやすく伝える。

999
安全な医療のための「働き方改革」　植山直人、佐々木司

医師には過労死ラインの倍の残業時間が許される？　連続三〇時間を超える労働や夜間診療の恒常化はわたしたちに何をもたらす？　万人に共通な睡眠不足による悪影響を科学的にふまえ、未来のため国民的議論を求む！

998
裁判官が答える　裁判のギモン　日本裁判官ネットワーク

現役裁判官とOBでつくる「日本裁判官ネットワーク」が、裁判の基本的しくみ、裁判用語の謎、漠然とした疑問、当事者になった場合の考え方や裁判官の日常まで幅広くお答えします。一八のQ&Aで盛りだくさん。

997
「みんなの学校」から「みんなの社会」へ　尾木直樹、木村泰子

学校は子どもの力を育んでいるか。大人に都合のよい教育になっていないか。映画『みんなの学校』で話題の大阪市立大空小学校元校長の木村氏と、教育評論家の尾木ママが熱く語り合う。誰もが社会の主役となり、未来を拓くために。

996
国家機密と良心——私はなぜペンタゴン情報を暴露したか　ダニエル・エルズバーグ／梓澤登、若林希和 訳

時の大統領を窮地に追い込んだ人物は、どんな人生を辿り、いかなる葛藤を経て内部告発をするに至ったのか。差し迫る核戦争のもたらす惨禍を政府内部で知った経緯は？　驚嘆すべき記憶を詳細に語りつくした単独インタビューの記録。

995
3・11を心に刻んで　2019　岩波書店編集部 編

大震災から八年。二〇一一年五月以降、約三〇〇名の筆者により毎月書き継がれてきたウェブ連載の第八期分および被災地の現在を伝える「河北新報」によるレポート、多彩な書き手による「3・11を考えるためのブックガイド」を収録。

994

フォト・ルポルタージュ 福島「復興」に奪われる村

豊田直巳

いま、「復興」の名のもとに、放射能汚染の実態や加害の責任が隠蔽されようとしている。避難区域の解除と帰還推進一辺倒の政策で、住民たちは岐路に立たされている。カラー写真とともに住民らの声を伝える好評シリーズ第三弾。

993

やっぱりいらない東京オリンピック

小笠原博毅、山本敦久

東京オリンピック・パラリンピックの諸問題を徹底検証。市民への多大な負担、重圧に苦しむアスリート、ますます不自由になる社会……。「こんな祭典はいらない」とハッキリ言いたい人のため、必要な論点を提示する。

992

うつ時々、躁 私自身を取り戻す

海空るり

多忙なある日、突然うつと診断される。その九年後、今度は「双極性障害」だとわかる。試行錯誤の中での薬や自分の症状とのつきあい方、子育ての悩み、医療者との関係、そして寛解に向けての日々を患者に必要な情報と共に具体的に綴る。

991

新版 就学時健診を考える―特別支援教育のいま

小笠毅 編

前著から二〇年、多様な障害への理解が深まり、学びの場も多様化した。一方、当事者の意向に反して、特別支援学校・学級へ振り分けられる事例が増えている。今年度から始まった就学時健診の見直しや、変容する特別支援教育のいまを解説する。

990

いま、〈平和〉を本気で語るには―命・自由・歴史

ノーマ・フィールド

平和について「本気で」語り合うことがなぜ難しく感じられるのか。小さな勇気を育むには、どうしたらよいのだろう。戦争と生活と生命、ヘイトと暴力に対する自由と人権、従軍「慰安婦」問題、福島復興などを考察する。

989

調査報告 学校の部活動と働き方改革―教師の意識と実態から考える

内田良、上地香杜、加藤一晃、野村駿、太田知彩

長時間労働の一因である部活動指導は、制度上は義務でなく、解放を求める声もある。では、どの世代、専門、経験をもつ教員の負担になっているのか。一方で「やりがい」は何に由来するのか。勤務と意識の実態を、独自調査から描き出す。